MANAL RACHDI
OXO
ARCHITECTES

Pages précédentes
Previous pages

p. 1: L'Arbre blanc
Montpellier, France
Vue aérienne
Aerial view

p. 2-3: L'Arbre de Vie
Créteil, France
Perspective de l'entrée
View of the entrance

p. 4-5: Mille Arbres
Paris, France
Perspective depuis l'Avenue Pershing
View from Avenue Pershing

p. 6-7-8: Lycée Jean Moulin
Revin, France
Vues aériennes du bâtiment et de la nature environnante
Aerial views of the building and the surrounding countryside

MANAL RACHDI

OXO ARCHITECTES

Sous la direction de
Edited by
DAVID ROSENBERG

SOMMAIRE
TABLE OF CONTENTS

14 POUR UNE ARCHÉOLOGIE SENSIBLE DU CONTEXTE
À PROPOS DE MANAL RACHDI
FOR AN ARCHAEOLOGY SENSITIVE TO CONTEXT
ABOUT MANAL RACHDI
David Rosenberg

24 L'ARBRE ET LA BALANÇOIRE / THE TREE AND THE SWING
Éric Garandeau

SUSTAINED NATURE SUSTENTÉE

- 44 L'ARBRE DE VIE
- 50 FLOWING PARK
- 58 FLYING GARDEN
- 62 MILLE ARBRES
- 70 METROPOLITAN SQUARE
- 78 ECOTONE ANTIBES

INTEGRATED NATURE INTÉGRÉE

- 86 LE CRISTAL
- 92 LE ROCHER
- 98 PIXEL
- 104 KASKADE
- 112 LYCÉE JEAN MOULIN
- 122 BÂTIMENT D'ENSEIGNEMENT MUTUALISÉ

SHARED NATURE PARTAGÉE

- 134 ART'CHIPEL
- 144 PONT DE CALABRE
- 150 L'ARBRE BLANC

158 CHRONOLOGIE / CHRONOLOGY
174 OXO ARCHITECTES
175 REMERCIEMENTS / ACKNOWLEDGEMENTS

POUR UNE ARCHÉOLOGIE SENSIBLE DU CONTEXTE
À PROPOS DE MANAL RACHDI

David Rosenberg

Jardins suspendus, terrasses et baies vitrées panoramiques, bâtiments fondus dans le paysage ou tours végétalisées se dressant vers le ciel, géométrie organique ou modulaire d'une blancheur immaculée, transparences offertes à la lumière, vastes espaces propices aux déambulations et aux rencontres: telle est la signature visuelle, la langue architecturale employée par Manal Rachdi. En quelques années, celui-ci s'est imposé comme l'un des architectes les plus innovants et les plus remarqués de sa génération, signant des projets avec son agence OXO ou bien à travers des collaborations prestigieuses avec Jean Nouvel ou Sou Fujimoto.

Manal Rachdi est né à Rabat, au Maroc, à la fin des années 1970, dans une famille d'ingénieurs et de scientifiques. Son père médecin et sa mère sage-femme lui transmettent une éthique du travail «dédiée au bonheur des autres». Enfant, il préfère l'enseignement de la nature à celui des salles de classe où il s'ennuie à mourir. «J'aimais plus écouter les arbres que les instituteurs», dit-il simplement. À ses parents qui l'imaginent en pharmacien ou en dentiste, Manal répond, alors qu'il vient d'avoir 16 ans: «Je serai architecte.» L'aplomb avec lequel il annonce sa décision n'a d'égal que la conviction de ses parents qui persistent à l'inscrire dans un cursus de biologie et de géologie, où le jeune étudiant réalise toutefois un parcours brillant. L'étude de la formation des cellules ou des structures cristallines et la rigueur de l'approche scientifique ne l'éloignent pas de sa vocation première, au contraire. Elles servent de guide à sa pensée, et il entrevoit que les synergies opérant au sein de la nature peuvent être transposées dans le champ de l'architecture. Construire et imaginer une *archi-nature,* créer une relation symbiotique entre ces deux grands ordres que sont «nature» et «architecture», tel sera son *credo*.

Après deux années, il met un terme à ses études scientifiques et postule dans différentes universités à l'étranger afin d'étudier l'architecture. Il choisit d'intégrer l'école de La Cambre à Bruxelles en Belgique, où il passe le plus clair de son temps à la bibliothèque, dévorant tous les ouvrages qui lui tombent sous la main. Au détour d'un article dans une revue, il découvre le travail de Jean Guervilly, dont le minimalisme et la radicalité l'éblouissent. Il décide alors de poursuivre ses études à Nantes où officient de jeunes praticiens-théoriciens tels que Romain Rousseau ou Philippe Vion. Là, il se lie aussi d'amitié avec Hervé Bagot, un remarquable pédagogue, dont l'essentiel de l'enseignement se passe hors des salles de classe à visiter les marais salants de Guérande, des serres horticoles, des raffineries… Sa sensibilité et son ressenti de la nature se forgent à travers leurs échanges et leurs explorations sur le terrain.

Lors de sa dernière année d'études, il rencontre aussi Jacques Hondelatte, un homme discret mais adulé de ses pairs, véritable tête-pensante de l'architecture contemporaine qui l'encourage à étudier les œuvres de Rudy Ricciotti, Jean Nouvel, Lacaton & Vassal ou encore Rem Koolhaas et Zaha Hadid. Dans le même temps, il se passionne pour le land art et en particulier pour l'œuvre d'Andy Goldsworthy. Pour son diplôme de fin d'études intitulé «la transformation urbaine à travers le médium de l'art», Manal Rachdi choisit comme directeur de thèse l'artiste Ekkehart Rautenstrauch. Il retourne alors au Maroc pour réaliser de grandes sculptures en carton dans les rues, invitant les passants à se joindre à lui pour prendre part à la réalisation de ces constructions éphémères. Simplicité des formes, frugalité des matériaux de préférence recyclables, appropriation de l'espace public, dialogue et participation: Manal Rachdi restera toujours fidèle à ses premières expérimentations.

Son diplôme obtenu, il rejoint l'agence de Duncan Lewis, puis l'agence Du Besset-Lyon avant d'intégrer les équipes des Ateliers Jean Nouvel où il va passer un peu plus de quatre ans, travaillant sur d'importants projets tels que la Philarmonie de Paris ou la tour mixte du Museum of Modern Art (MoMA) de New York, ainsi que l'ensemble des projets des Ateliers Jean Nouvel aux États-Unis. À son retour en France en 2009, il décide de se consacrer à ses propres réalisations.

Pour raconter et éclairer son parcours, Manal Rachdi a choisi de faire appel à Éric Garandeau, un ami et écrivain aux multiples talents, fin connaisseur de l'architecture. Dans son texte qui se lit comme un roman, le lecteur trouvera toutes les clés permettant de décrypter cette œuvre en devenir, véritable plaidoyer pour une archéologie sensible du contexte.

Paris, juin 2023.

Interview Manal Rachdi,
Fanny Revault, ART Interview.

FOR AN ARCHAEOLOGY SENSITIVE TO CONTEXT
ABOUT MANAL RACHDI

David Rosenberg

Hanging gardens, terraces and panoramic windows, buildings that blend into the landscape or green towers reaching for the sky, organic or modular geometry of an immaculate whiteness, transparencies open to the light, vast spaces conducive to strolling and meeting people: this is the visual signature, the architectural language used by Manal Rachdi. In just a few years, he has established himself as one of the most innovative and high-profile architects of his generation, working on projects with his OXO studio and on prestigious collaborations with Jean Nouvel and Sou Fujimoto.

Manal Rachdi was born in Rabat, Morocco, in the late 1970s, into a family of engineers and scientists. His father, a doctor, and his mother, a midwife, instilled in him a work ethic "dedicated to the happiness of others". As a child, he preferred learning about nature to being bored to death in the classroom. "I liked listening to trees more than teachers," he says simply. To his parents, who imagined him becoming a pharmacist or a dentist, Manal replied at the age of 16: "I'm going to be an architect." The aplomb with which he announced his decision was matched only by the conviction of his parents, who persisted in enrolling him in a biology and geology course, where the young student nevertheless had a brilliant career. The study of the formation of cells or crystalline structures, and the rigour of the scientific approach, did not distance him from his first vocation. On the contrary, they serve as a guide to his thinking, and he sees that the synergies at work in nature can be transposed to the field of architecture. His credo was to build and imagine an "archi-nature", to create a symbiotic relationship between the two great orders of 'nature' and 'architecture'.

After two years, he put an end to his scientific studies and applied to various universities abroad to study architecture. He chose to go to the La Cambre school in Brussels, Belgium, where he spent most of his time in the library, devouring every book he could get his hands on. While reading an article in a magazine, he came across the work of Jean Guervilly, whose minimalism and radicalism dazzled him. He decided to continue his studies in Nantes, where he worked with young theoreticians such as Romain Rousseau and Philippe Vion. There he also made friends with Hervé Bagot, a remarkable teacher who spent most of his teaching time outside the classroom, visiting the salt marshes of Guérande, horticultural greenhouses and refineries... Rachdi's sensitivity and sense of nature were forged through their exchanges and explorations in the field.

During his final year of study, he also met Jacques Hondelatte, a discreet man adulated by his peers and a leading light in contemporary architecture, who encouraged Manal to study the works of Rudy Ricciotti, Jean Nouvel, Lacaton & Vassal, Rem Koolhaas and Zaha Hadid. At the same time, Manal developed a passion for land art, particularly the work of Andy Goldsworthy. Manal Rachdi chose the artist Ekkehart Rautenstrauch as his thesis supervisor for his final degree, entitled "Urban transformation through the medium of art". He returned to Morocco to create large cardboard sculptures in the streets, inviting passers-by to join him and take part in the creation of these ephemeral constructions. Simplicity of form, frugality of materials (preferably recyclable), appropriation of public space, dialogue and participation: Manal Rachdi would always remain faithful to his early experiments.

After graduating, he joined the Duncan Lewis studio, then the Du Besset-Lyon studio, before joining the Ateliers Jean Nouvel teams, where he spent just over four years, working on major projects such as the Philharmonie de Paris and the mixed-use tower at the Museum of Modern Art (MoMA) in New York, as well as all the Ateliers Jean Nouvel projects in the United States. On his return to France in 2009, he decided to devote himself to his own projects.

To tell the story and shed light on his career, Manal Rachdi chose to call on Éric Garandeau, a multi-talented friend, writer and true connoisseur of architecture. In his text, which reads like a novel, readers will find all the keys they need to decipher this work in progress, a veritable plea for a context-sensitive archaeology.

Paris, June 2023

Double-pages suivantes:
Talent Makers Lab
Angers, France
Perspective générale

Ecotone
Arcueil, France
Perspective générale

Devenir Tours –
Échangeur A10
Perspective générale

Following double-pages:
Talent Makers Lab
Angers, France
General view

Ecotone
Arcueil, France
General view

Devenir Tours –
Échangeur A10
General view

L'ARBRE ET LA BALANÇOIRE

Éric Garandeau

«Less is more, less is the power of nature, nature is the power of imagination», c'est dans la nouvelle *lingua franca* que Manal Rachdi affiche son mantra et dévoile son ambition internationale. «Architecture de la frugalité et de la résilience, lit-on aussi, l'avenir de l'architecture c'est la nature», conclut le petit livre bleu qui réunit les œuvres réalisées par son agence, OXO Architectes. Manal Rachdi reçoit au Café Beaubourg, devant la place publique offerte aux Parisiens par Richard Rogers et Renzo Piano, mais on l'imagine plus volontiers sous un chêne, un arbre en tout cas. «Less is more» est emprunté à Ludwig Mies van der Rohe, fondateur du minimalisme architectural, éphémère directeur du Bauhaus, pourtant ce n'est pas dans le minimalisme destructeur des identités des capitales modernes ni dans l'union opportuniste de l'architecte et de l'industriel qu'il faut chercher Manal Rachdi. Ce n'est pas le *less* mais le *more* qui l'intéresse. Si la Nature emploie le minimum d'énergie et de matière, c'est pour produire le maximum d'effets, c'est pour exploser en formes spectaculaires et généreuses, des récifs coralliens aux taïgas boréales et canopées de Langkawi, Daintree, Amazonie...

À cet arbre, l'homme a accroché une balançoire, celle de l'enfant qui deviendra architecte, dans le film de Terrence Malick; celle de Roubachof dessinée par Arthur Koestler. Oui, l'humanité joue à la balançoire; depuis plusieurs siècles, elle joue à se faire peur, oscillant d'un extrême à l'autre, faisant le pendule en espérant ne pas finir pendue à l'accessoire de son vertige.

C'est que, non content de s'être délivré de tous ses prédateurs naturels, l'homme adore se prendre à ses propres pièges, il en invente à l'infini, et on peut s'amuser à les relier ensemble, en remontant jusqu'au mythe de Dédale, perdu en son propre labyrinthe après avoir aidé Pasiphaé à engendrer un monstre, le Minotaure. En quoi Dédale est-il l'incarnation de l'homme moderne? C'est qu'il trouve aux problèmes simples des solutions techniques qui l'éloignent des lois naturelles et engendrent des problèmes toujours plus compliqués, appelant des solutions encore plus complexes et plus techniques, à l'infini. Dédale est astucieux, c'est le père de tous les ingénieurs-architectes – avant Léonard de Vinci, il concevait les machines volantes, mais les dieux s'amusaient à lui rendre la vie impossible pour le punir de son hubris. Les débris de ses inventions s'accumulent au fond des océans, le plastique remonte la chaîne du vivant, les énergies fossiles font monter la température, l'informatique épuise les «terres rares». Le silicium va-t-il sauver la vie carbonée? L'intelligence artificielle, c'est sûr, apportera la solution ultime à tous les problèmes accumulés, mais les scientifiques les plus avisés craignent que la machine retienne la solution la plus simple en application de la règle du rasoir d'Ockham, c'est-à-dire la suppression du problème originel: l'homme (dont l'auto-désignation comme «*Homo sapiens sapiens*» fait rire à gorge déployée la version bêta d'un certain ChatGPT). De même que le nucléaire rime avec les champs d'Armageddon autant qu'avec les champs solaires, moissonnables à l'infini, il est difficile de ne pas voir dans «la plus grande fusée du monde», conçue par SpaceX, l'incarnation du rêve d'Icare, dont on sait comment il se termine, dispersé dans l'atmosphère, façon puzzle.

«L'atelier est fait d'espace, de lumière et de nature», disait Le Corbusier, mais la belle feuille de route moderniste a brûlé dans les fumées industrielles d'un fonctionnalisme bon marché faisant les bonnes affaires des promoteurs. Les «Cités» n'ont de radieux et de fleuri que les noms choisis par des édiles pratiquant une novlangue digne d'un George Orwell. Oublié, l'idéal des cités-jardins du XIXe siècle; oubliés, les jardins suspendus de Babylone – l'alternative urbaine se situe trop souvent entre favelas anarchiques surpeuplées et condominiums retranchés, aseptisés, séparés par quelque fleuve ou plage pollués. La ville européenne et méditerranéenne existe encore, l'Italie a su la préserver, mais la France a abdiqué devant le diktat des ronds-points, des zones pavillonnaires et des villes franchisées. «La standardisation est un laminoir qui vous pèle l'âme jusqu'à l'os», dit le poète constructeur Rudy Ricciotti.

Manal Rachdi est tout aussi cinglant quand il s'agit de défendre les arbres: «Si les arbres donnaient du wi-fi on en planterait plus. C'est dommage, les arbres ne donnent que de l'oxygène.» Mais, c'est dans les actes plus que dans les mots qu'il affiche son manifeste, dans ce qu'il construit au carrefour du philosophique et du politique, car telle est la position de l'architecte, qui hérite de cette histoire mouvementée, industrieuse et standardisatrice, surchargée de symboles, d'aventures, d'excès, d'erreurs. On ne lui demande plus seulement de construire, il lui faut réparer pour rendre ce monde plus habitable et plus «durable», en rectifier les défauts. Pour gérer cette complexité accumulée au fil des siècles, l'architecte devrait prendre le temps de la réflexion, faire le pas de côté permettant l'expérimentation; mais non, il lui est interdit de descendre de la balançoire, qui continue à osciller entre le zéro et l'infini. C'est une fois embarqué dans la centrifugeuse de la modernité, le grand bateau ivre qui tangue d'un bord à l'autre, qu'il doit tracer les plans et les cartes, donner les ordres, suivre le chantier, appliquer les procédures, les règles, puis les transgresser, contourner, ruser, biaiser, jouer avec les contraintes pour en tirer le meilleur, jouer du *less is more*, jouer du «et en même temps», car le voici poète et politique, penseur et bâtisseur, contestataire et complice, souple comme le roseau, réfractaire comme la brique. C'est dans ce choix et cette lutte – ou ce non choix et cette capitulation – que se fait le départ entre le «bon architecte» et les autres. Renzo Piano: «Si tu n'as pas cette force, où entre aussi une dimension morale, si la société ne fait naître en toi aucune angoisse, tu n'es qu'un imbécile. Toute la question est là.»

L'angoisse de Manal Rachdi est celle de la génération née après ce que l'on vient de décrire, après la guerre, après la prospérité, après la crise – une crise qui n'en finit tellement plus qu'elle n'est plus une crise, mais un grand désordre, une entropie aussi indéfinissable que l'âge médiéval pendant lequel les vestiges antiques, impériaux, républicains, flottaient au milieu des Cités-États, des ordres religieux et des tribus barbares dans une grande confusion d'idées et d'organisation, au rythme des migrations, des invasions, des guerres, des épidémies, et toutes sortes de menaces vitales que nous retrouvons intactes – tel est notre monde néo-médiéval.

Immobile et enraciné aux yeux de l'homme pressé, foisonnant et bourgeonnant sans cesse, au regard inspiré du poète, tel est l'arbre et sa figure. L'envie de bâtir lui est venue par surcroît, surplus et concession: quitte à construire, Manal veut faire pousser les arbres dans le béton, espérant secrètement le faire éclater par ses racines, il rêve d'un matériau poreux qui respire l'humus et laisse passer la sève comme le verre laisse passer la lumière.

Manal Rachdi a saisi les contradictions de nos contemporains, nomades contrariés, reclus dans leurs aquariums, derrière leurs écrans de leds. Humanité confinée et confite, dont l'écologie paradoxale recommande d'achever sa scission avec son «environnement»: interdiction des jardins zoologiques, des corridas et des cirques avec animaux sauvages, stérilisation des animaux domestiques, renoncement à la viande animale… Bref, renoncement à l'animal (jusqu'à ce que l'on s'avise de constater que le végétal souffre, lui aussi, d'être mangé).

Dans un monde de gonds, on arrive tôt ou tard au moment charnière. L'Histoire dira si le tournant des années 2020 et son climax extraordinaire et monstrueux – le grand confinement mondial – préfiguraient un retour de la balançoire permettant la réunion de l'être humain avec sa vraie nature, ou bien l'avènement d'un âge nouveau, celui de l'homme définitivement coupé de ses racines, un «meilleur des mondes» où même la procréation serait assistée et programmée, un mode de vie urbain-confiné qui pourrait bien se développer ailleurs que sur Terre. Si l'Humanité peut vivre sous cloche, elle peut devenir l'«espèce multiplanétaire» rêvée par Elon Musk et peupler les environnements les plus hostiles, de la Lune à Mars, de Mars aux lunes de Jupiter...

Ce serait l'ultime aboutissement d'un processus de conquête, mais aussi de retranchement, le triomphe du monachisme absolu de droit humain. Dans les années 2020, on peut naître, vivre, travailler et mourir sans quitter sa cellule d'habitation. C'était le rêve de Pascal, pour qui «tout le malheur des hommes vient d'une seule chose, qui est de ne savoir pas demeurer en repos dans une chambre». Sauf que les monastères disposaient d'un cloître à ciel ouvert pour contempler les étoiles, et des champs à moissonner, et des vignes à vendanger. On n'imagine pas Montaigne penser sans chevaucher parmi les paysages du Bordelais et de Normandie, ou ceux de Suisse, d'Allemagne et d'Italie. Effroyable retournement du dédalisme, l'homme pensait se rendre maître et possesseur de la nature, mais c'est la nature qui l'a retranché à elle pour s'en préserver, qui l'a enserré dans ses boulevards de ceinture, recroquevillé dans son terrier, dont il ne peut plus s'échapper que par les mondes virtuels, parquant l'humanité dans ses réserves urbaines. Mais voici qu'arrive une nouvelle génération d'architectes qui n'a pas attendu la succession des COP et des GIEC pour prendre son destin en main. Manal Rachdi, emblème d'une génération rebelle à sa manière, sans manifeste ni tapage, samouraï sans sabre, guerrier furtif et silencieux – mais qui déménage.

Ce n'est pas un hasard si on le recroise ce soir au Centre Pompidou, lors du vernissage de la grande exposition consacrée à Norman Foster, dont les grandes tours et les grands projets industriels aboutissent à une salle dédiée à la nature et à l'urbanité, à la figure de «l'arbre métaphore du bâtiment idéal» avant de replonger dans les grands aéroports et les monastères en régolithe abritant les colons extra-territoriaux de la Lune et de Mars. Intéressante plasticité d'un grand architecte se coulant dans l'humeur du temps et les désirs contradictoires de ses commanditaires, réservant ses utopies aux carnets de croquis hérités de l'enfance. Manal Rachdi, nous allons le voir, n'a pas renoncé à la concrétion du rêve en réalité, il a l'échine dure et le corps vertébré.

CHASSEZ LA NATURE ET ELLE REVIENT AU GALOP

Selon Rudy Ricciotti, «c'est cela l'usage des signes, la possibilité romantique de croire à une transformation du monde, d'être prêt à en découdre». Manal Rachdi inscrit son travail dans une contre-réforme douce mais obstinée, disposé au compromis sans compromission. Pas plus que Jean Nouvel, il ne renie l'acier et le béton ni ne se réfugie dans la tentation de Thoreau et de Rousseau, ou dans le gadget facile du matériau écolo. Il ne dessine pas non plus des cabanes en contreplaqué, chauffées aux billes agglomérées. Non, il tente la synthèse, la greffe, le jumelage, le mariage des matériaux, des essences, des circonstances, des théories, des styles et des systèmes, il étudie l'arbre non seulement pour en planter mille, mais pour le déconstruire et le transposer dans un «Arbre de vie» (Créteil) ou un «Arbre blanc» (Montpellier). Et il travaille avec tout le monde, les ingénieurs, les politiques, les industriels, les promoteurs. C'est un arbre qui dissimule une forêt.

Né dans un monde dématérialisé, artificialisé, Manal Rachdi en prend le contre-pied, non pour nous ramener à l'état de nature – rêve utopique et naïf d'une urbanité ignorante des duretés de la vie sauvage –, mais pour revenir, consciemment ou non, à l'idéal de la Renaissance, du Grand Siècle.

C'était l'époque où l'on taillait la pierre et les haies, on civilisait les chemins et les champs, on naturalisait les maisons et les villages. L'homme devait habiter les œuvres parfaites de Dieu, en gardien et en jardinier. Il avait le sens de ses limites, le sens de l'humilité; et le sens de l'esthétique – qui fait si cruellement défaut à notre époque utilitariste, calculatrice, dont les chaînes de montage bien huilées produisent au kilomètre une «mocheness» étalonnée certifiée tamponnée.

«Là-haut dans les airs, j'habite dans un palais; il est tout en verre, magnifique et spacieux», dit le fou dans le Tristan et Iseut de Chrétien de Troyes. Avec Rem Khoolas, cela devient un New York délire, manifeste rétrospectif de la Nouvelle-Amsterdam verticale, quitte à abriter dans ses entrailles les usines des prolétaires entièrement dévoués aux maîtres du ciel, selon la parabole vertigineuse de *Metropolis* et ses nombreuses réinterprétations, jusqu'à *Dark City* et *Matrix* qui substituent à la caverne de Platon et à l'usine souterraine le métavers et la matrice, tout aussi dystopiques. Manal Rachdi croit au métavers, mais pas à celui de *Ready Player One* ou de *Total Recall*. Avant le «manifeste» de New York, il y eut le «manifeste» de Versailles, fait d'éclat, d'eau et de lumière, fait de palais, jardins, bosquets, labyrinthes; et les «grands jets d'eau sveltes parmi les marbres» de Verlaine. Versailles est l'achèvement de l'idéal humaniste, antique et chrétien, qui apprivoise la nature en lui gardant son naturel, une interpénétration réciproque et subtile qui met le couvercle sur le clair-obscur médiéval tout en ménageant la surprise par d'autres effets – grottes, orgues hydrauliques, jeux de miroirs… Par la magie des glaces de la Grande Galerie, les jardins entrent dans le palais et préfigurent les mondes virtuels cités plus haut, ils préfigurent surtout les galeries des glaces verticales que sont les forêts de tours cristallines de Dubaï, Shanghai, Lagos, et partout ailleurs. Le XVIIe et le XXIe siècles sont les deux charnières. Versailles, trait d'union entre les cités antiques et les cités-jardins, entre les rêves d'Éden et d'Arcadie, de Bagdad, Grenade et Samarcande; Versailles qui annonce les cauchemars des villes nouvelles, l'ère moderne sauvage, où la jungle urbaine remplacera la forêt, et où le béton remplacera le marbre.

La machine de Marly, l'arasement des collines et le détournement des cours d'eau, la création des manufactures (Gobelins, Saint-Gobain…), tout cela préfigure aussi les folies urbaines du communisme et du capitalisme: Louis XIV a permis Rockefeller et Staline. La ville verticale, ses forêts de béton, ses mers de parkings, voici l'homme sans humus, sans humanité, avec son cortège de violences et de dystopies jusqu'à *Gotham City*, et jusqu'au *Misanthrope* de Damián Szifrón, film dans lequel un marginal «exécute» ses semblables à coups de fusil de précision un soir de réveillon parce que leurs bruits troublent le silence de la nuit, parce que leurs feux d'artifice achèvent de masquer les étoiles au surplus des lampadaires et luminaires, et des tours de béton.

«Le beau c'est le bizarre», écrivait Baudelaire, le penseur de la modernité. Le beau du neuf a été poussé au beauf extravagant, *La Grande Bellezza* s'épuise dans la vacuité tapageuse des défilés de mode, concerts de casseroles et débats hystérisés, épuisement des ressources et du sens, épuisement de patience sur fond d'infrasons…

On sent de partout qu'un retournement est à l'œuvre, que notre époque est charnière, et l'œuvre de Manal Rachdi s'inscrit dans cette charnière, ce point de fuite et d'interrogation. Le retour en arrière est impossible, le «grand bond en avant» vers les étoiles illusoire, il faut réparer et transformer les villes et les champs, recoudre l'humain au vivant.

RECOUDRE L'HOMME SUR LA TOILE DU MONDE

Manal Rachdi est le fruit de cette grande histoire et d'une histoire familiale qui commence au Maroc, dans la ruralité. Le jeune Manal parcourt les forêts de Rabat avec son grand-père, il gardera toujours au corps et au cœur l'odeur de l'humus, la lumière du soleil à travers les branches, les sons d'une vie qui grouille et qui tressaille, la respiration du vivant, il emporte avec lui la nostalgie de l'Éden et du jardin de l'enfance.
Et que croyez-vous qu'il fît comme études? Architecture? Nenni!
Manal Rachdi étudie d'abord la biologie et la géologie, encouragé par ses parents, un père médecin et une mère sage-femme. Ce détour imprévu sera fertile: l'architecte est un accoucheur de formes, et il opère en tissu urbain. Il sait aussi qu'il est vain de renier le progrès technique, tout aussi dangereux de cloisonner les savoirs. La médecine reste un bricolage et considère l'être humain en son entier, comme un système participant d'un grand mystère.
Sa connaissance intuitive, sensorielle et sentimentale de l'organique, du vivant, il la complète d'une approche scientifique. Il veut comprendre le fonctionnement des cellules. Il s'attarde sur cette chose miraculeuse, qui garde son secret, où la vie se confectionne derrière la protection d'une membrane, c'est-à-dire un mur, mais poreux. La cellule met en relation le dedans et le dehors autant qu'elle les sépare et les distingue, elle permet l'échange, le commerce. Blaise Cendrars le poétisera à sa manière: «Systole, diastole: les deux pôles de l'existence; outside-in, inside-out: les deux temps du mouvement mécanique; contraction, dilatation: la respiration de l'univers, le principe de la vie: l'Homme. Dan Yack, avec ses figures.»
Et puis, le cycle éternel des naissances et des morts: dans ses conférences Manal rappelle qu'il suffirait de deux ou trois siècles – une nanoseconde à la pendule cosmique – pour effacer de la Terre toute trace visible d'occupation humaine. C'est une autre qualité héritée de son histoire familiale, l'humilité – humilité devant la complexité du corps humain, sa frugalité, sa fragilité et sa résilience, sa *transience*. Alors, c'est décidé! «le biomimétisme est l'avenir de l'urbanisme» et le vivant sera donc la principale source d'inspiration de Manal Rachdi et de son agence, OXO Architectes. Tant d'architectes égotiques rêvent d'immortalité en dessinant le monument singulier – l'œuvre qui se détache et se distingue, le style iconique – en rupture avec son temps et son contexte.
C'est l'archétype de la tour solitaire, qu'elle soit tour sans fin, comme la tour Montparnasse, le Chrysler Building..., ou qu'elle soit de forme simple comme le Gherkin (en référence au cornichon). Quand on évoque cette tendance, Manal Rachdi réagit au quart de tour: sans aller jusqu'à l'anti-matière, il produit de l'«anti-tour» à longueur de journée: son architecture contextuelle se fond dans le décor, furtive, souterraine, immergée, quasi invisible! Sa méthode: «Je recherche aux tréfonds du lieu toutes les informations qui peuvent m'aider à concevoir le projet le plus adapté au paysage, à la météorologie, aux habitudes de vie, aux traditions. L'essentiel est d'arriver à un dialogue équilibré entre l'architecture, le bâtiment proprement dit, et son environnement. Et ensuite le traduire en balcons avec vue, en jardins ou en système de camouflage.»
Ainsi, il dissimule le lycée Jean Moulin sous une colline, dans un massif, il le noie dans un paysage offert en retour aux élèves. Depuis les terrasses étagées, ces derniers pourront le contempler, avec ses «courbes douces», en «vues larges et lointaines».
Manal Rachdi est un paysagiste intuitif et itératif, plus qu'un formaliste. La typologie des formes chère à Jean-Christophe Quinton, qui sut brillamment mettre en boîte les rêves des architectes du Grand Paris à la Cité de l'architecture, l'intéresse moins que la topologie des lieux.

Et sa méthode est inductive, intuitive, il lance son crayon sur le papier, fait tourner ses logiciels, introduit ses paramètres, ses objectifs, ses contraintes, observe le rendu et relance les dés indéfiniment jusqu'à obtenir le résultat voulu, à la manière d'un artiste attentif au moindre détail – une texture, un bouton de porte – et à la composition d'ensemble. L'Ecotone Antibes: une colline au crépuscule, et, sous la végétation, une ville à l'image d'une fourmilière, une ruche. Les larges escaliers du BEM de Saclay deviennent les bancs d'un «amphithéâtre spontané», on peut les descendre ou s'y poser pour une conversation détendue ou passionnée – comme Hestia et Hermès, toujours de concert.
Certes, quand Manal Rachdi réalise seul l'Arbre de vie et l'Arbre blanc avec Sou Fujimoto et Nicolas Laisné, ce sont des monuments éclatants, ce sont des tours avec un grand «T»! Regardez comme les arbres grimpent en terrasse le long de l'Arbre de vie, comme pour en atténuer la rigueur, dessinant un massif étagé, semblable aux rizières d'Orient. Regardez comme l'Arbre blanc déplie ses balcons généreux en corolles végétales, au contraire des tours étiques, austères, phalliques ou anorexiques; au contraire des capitales franchisées, «toutes les mêmes devenues, aux facettes d'un même miroir, vêtues d'acier, vêtues de noir, comme un lego, mais sans mémoire» (Gérard Manset). Comme un écho lointain à la proue et aux plantureuses dessertes du *Nemausus* de son mentor, Jean Nouvel, à Nîmes, non loin de Montpellier. À Lille, c'est une Kaskade qui déverse un torrent de verdure sur les étages d'un bloc de pierre blanche aux treilles boisées, éclaboussant de sa luxuriance la ligne de chemin de fer en contrebas, rebondissant sur la façade minérale et austère du grand ensemble de style «Perret» situé à l'arrière-plan. Les Mille Arbres en pont suspendu au-dessus du périphérique parisien, le Flowing Park de Moscou, les montagnes russes du parc métropolitain de Lille, ce sont autant d'interprétations des jardins suspendus de Babylone, des ponts habités de Florence et Paris, ou de l'habitat troglodytique des bords de Loire, niché dans la pierre, entre ciel et jardin.
Quand on demande à Manal Rachdi de concevoir l'*Intelligence Campus* sur la base aérienne 110 Creil pour ouvrir le monde du renseignement à la société civile, pour mettre en un lieu unique des militaires «paranos», des geeks autistes et des chercheurs fous – quand tout homme sensé partirait en courant –, il dit «oui» et il conçoit une ville du futur parcourue par des drones sur voile et sur roues, sur des autoroutes de verdure, avec un village d'entreprises redonnant vie aux hangars d'aviation, et puis des carrefours et des amphithéâtres où se croiseront analystes, startuppers et chercheurs. Il y aura même un musée de l'espionnage à la française et un festival de films. Autre «mission impossible», ressusciter les mythiques studios de cinéma de la Victorine qui fêtent leur centenaire en 2019, mais sont à l'abandon depuis trop longtemps. OXO rescussite un village artistique, ouvert à tous les amoureux du cinéma, tout en préservant la confidentialité des tournages dans des plateaux agrandis, qui intégreront le bassin dans lequel Rex Ingram tourna les scènes sous-marines de *Mare Nostrum* en 1925, tandis que la magnifique menuiserie ayant servi à confectionner les décors des *Enfants du paradis* et de *La Nuit américaine*, deviendra lieu de rencontre, de restauration et de mémoire des grands tournages – sans oublier de se projeter vers l'avenir, avec l'École des compagnons de la Victorine. Même quand on offre à Manal Rachdi des stations fantômes du métro de Paris, il trouve le moyen d'en faire des piscines, des jardins et des salles de spectacle.
Ces projets provoqueront l'enthousiasme des visionnaires; et attireront comme il se doit les foudres des conservateurs étriqués, engoncés dans le confort de l'entre-soi stérile, réfugiés au couvert du

«secret défense» ou du «secret de tournage»... «Patience, patience dans l'azur», selon Hubert Reeves, en France les idées progressent à l'ancienneté.

Marque des grands, Manal Rachdi réitère les mêmes convictions de projet en projet, tout en refusant la facilité de l'autoplagiat et du menu «Signature». Il ne fait jamais le même bâtiment, mais ce n'est pas par coquetterie, c'est que le contexte oblige. La nature se recopie en se réinventant chaque fois; il n'y a pas deux arbres identiques sur toute la Terre. La nature est expérimentation sans fin, fugue entropique en serpent spirale aux mille mutations.

Oui! Manal est fidèle à Jean, il fait du nouveau et du «Nouvel», il a repris le flambeau de qui tonna des décennies durant contre «la gigantesque entreprise d'uniformisation nationale». En archéologue sensible du contexte, Manal continue le combat contre les plans d'urbanisme instillant «la mort codifiée, lente et inexorable, de la vraie vie de chaque ville française». Et comme les soixante-seize signataires de l'appel de mars 1976, il joue collectif, en association – ce livre en est la vivante illustration.

L'HORIZON ZEN
On a dit que Manal Rachdi était français, marocain, mais il est surtout nippon jusque dans son physique de samouraï. Il voit les bâtiments comme des nuages perdus dans l'immensité du ciel délavé. À Bordeaux, ce sont des cirrus aux «verticales célestes» qui révèlent «des reliefs lointains», préférant l'estampe à l'estampille. Sa collaboration avec Sou Fujimoto ne peut relever du hasard. L'Extrême-Orient fascine, au miroir inversé de l'Occident. Au Soleil levant, les bains sont bouillants, on mange les huîtres chaudes et le poisson cru, on boit le saké tiède, les voitures sont carrées et les maisons en papier, on dort sur le sol, les meubles sont volants, on ferme un carré par un rond, et les fumeurs sont priés de fumer à l'intérieur. «Miroir» on a dit, mais miroir sans verre, miroir de papier, qui préfère le translucide et l'opaque à la dureté de l'éclat. Le Japon aide Manal Rachdi à raisonner à l'envers, pour faire du léger et de l'aéré dans l'hyperdense, comme c'est le cas des projets de logements et d'équipements tertiaires conçus par OXO pour Nanterre.

Manal Rachdi est méditerranéen et japonais par sa recherche d'économie des moyens et des ressources, et sa recherche d'harmonie entre les formes et les usages, dont l'esthétique n'est jamais absente: feng shui et kalo(k)agathos, même combat. Optimiser, limer, rogner, renverser, poncer, lever, décompresser, incliner, creuser, ouvrir, jouer avec les maquettes et faire tourner les modèles encore et encore jusqu'à trouver la forme idéale, l'équation parfaite. Tous les grands artistes passent par ce processus de tâtonnement qui fait appel à l'intelligence autant qu'à la sensibilité.

«Le bâtiment le plus écologique est celui qu'on n'a pas construit» fait partie des mantras de Manal Rachdi. Plus de la moitié de l'humanité vit désormais en ville, et l'une des questions lancinantes est celle de la «ville durable». Faut-il des villes étalées et respirables; des villes pavillonnaires, archipéliques; ou des villes denses, intenses et minérales? «Ni l'une ni l'autre», répond l'apôtre de la troisième voie. Densification et verticalisation permettent d'éviter l'étalement, mais la minéralisation et l'exclusion du vivant créent d'autres difficultés: augmentation de la température, allongement des circuits logistiques, mauvais rendement énergétique des tours, épuisement des matières premières, sans compter les effets sur la santé physique et mentale. Manal Rachdi n'a aucun doute, c'est l'humain retranché du vivant qui devient un zombie, un «légume», obèse; c'est la violence de la dalle de béton qui produit la violence humaine. Dans sa tour de cristal et d'ivoire, le vieil architecte de *Tree of Life* regrette le cottage de son enfance, comme Manal Rachdi regrette les forêts de Rabat. *Lost Paradise*, de la Genèse à John Milton, et à Toru Naomura.

Entre ville étalée et ville verticale, il y a la voie du bon sens préindustriel, les villes de la Renaissance et les cités-jardins de l'ère industrielle, la sagesse des Romains et des Grecs qui savaient orienter les villes en fonction des vents dominants, utiliser les ombres et la circulation des eaux, recycler l'énergie et les déchets. Visiter les ruines de Pompéi, d'Herculanum et du Péloponnèse est plus instructif qu'un manuel d'ingénierie. Manal Rachdi en est convaincu, les forêts et les parcs peuvent réduire de trois ou quatre degrés la température des villes (branchages, ombrages, évapotranspiration,...), et on pourrait calculer et maîtriser le rendement carbone complet des bâtiments et des villes, pour peu que le politique en ait la volonté...

S'intégrer, s'inspirer, récupérer, recycler. Ne jamais renoncer à l'esthétique, à la beauté soudaine et imprévue de la vie, dont la géométrie dessine les formes les plus diverses. On a pu penser qu'il y avait une vie évoluée sur Mars en raison de tracés rectilignes sur le sol, interprétés comme des «canaux martiens». Quand Manal Rachdi découvre le projet de ville nouvelle, The Line, conçu comme un gigantesque miroir posé dans le désert saoudien, son cœur fait un bond: qui voudra habiter entre ces murs gigantesques dignes d'un décor de la série «Black Mirror», dans un bâtiment-ville rectiligne qui ressemble à tout sauf à une ville?

Le retour à la nature est devenu la nouvelle doxa – en témoignaient déjà, en 2009, les réponses des dix équipes internationales qui participaient à la consultation internationale du Grand Paris lancée par le président Nicolas Sarkozy. Manal Rachdi y avait participé aux côtés de Jean Nouvel, Jean-Marie Duthilleul et Michel Cantal-Dupart. Que ce soit l'habitat, les transports, l'identité, la culture, la reconnexion avec la nature sautait aux yeux, «jamais on avait vu un cœur aussi coupé de ses membres» (Richard Rogers). Hélas! Ce grand élan, cette grande vague riche de mille propositions et «mille petits bonheurs» allait se briser sur la coalition des mauvaises pratiques et des mauvaises habitudes: la planification à l'ancienne, la promotion immobilière à l'ancienne, l'ingénierie à l'ancienne, les calculs politiciens à l'ancienne... Les mille rêves se transformèrent en millefeuille administratif encore plus inextricable que l'ancien, et la transposition du métro de Fulgence Bienvenüe à l'échelle métropolitaine, conçue par le génial Jean-Marie Duthilleul, devait laisser la place à un monstrueux ver de terre souterrain – toujours pas sorti de terre treize ans plus tard.

Manal Rachdi décida alors de tracer sa route et d'expérimenter à son échelle, sans cesser de porter des rêves aussi fous, comme celui d'établir une communication entre les deux rives du détroit de Béring.

Si l'écologie est la nouvelle doxa, si l'intention est là, son application peut virer au cauchemar.

Quand on voit Norman Foster et Steve Jobs enfermer une forêt entière dans le gigantesque cercle de verre et de béton de l'Apple Park situé à Cupertino, on a beau être impressionné par le rendement énergétique et la perfection formelle, le résultat fait aussi froid dans le dos que le projet The Line. Paradoxe du minimalisme maximaliste. Où est le charme de la rencontre accidentelle, où est la place laissée à l'imprévu, l'improvisation, la découverte? Rudy Ricciotti raconte qu'il a laissé une coulée épaisse de béton difforme gâcher le joli tracé rectiligne d'un plan dessiné au cordeau (celui du Pavillon noir d'Aix-en-Provence), précisément parce que

31

c'était un accident de l'histoire, une scarification inattendue, survenue un soir de Réveillon. Avons-nous envie de vivre dans un trait ou dans un cercle, et de passer nos journées à tourner en rond?

Le cinéma est l'art du hors-champ, la poésie est l'art de la suggestion, tout art est art de la dissimulation, de la dissonance. Parfois «la moitié vaut mieux que le tout». Et pour une ville, se faire admirer, ne jamais se montrer en entier, se faire pénétrer par petites touches et événements successifs. «Un fleuve n'inspire de la frayeur qu'autant de temps que l'on n'en connaît point le gué» (Baltasar Gracián, *Le Héros*). C'est dans cet esprit qu'OXO a conçu Dosha, dessinant comme un grand palais aux fenêtres vénitiennes, avec ses jardins suspendus dans le quartier Armagnac de Bordeaux. «N'est-ce pas là l'essence de l'architecture? Un lieu qui provoque le désir d'explorer, qui permette à chaque individu de s'isoler pour vaquer à ses lectures et ses désirs de découverte?»

L'appropriation, éternelle préoccupation de l'architecte livrant son bâtiment, qui se demande: fera-t-il monument? Passera-t-il l'épreuve du temps? Dialogue fécond de l'Histoire avec la Géographie: combien de planifications de géomètres contrariées ou suscitées par les accidents de la vie, par les guerres, les raz-de-marée? À Lisbonne, le séisme de 1755 se lit dans les lignes austères de la Baixa Pombalina, dominée par les ruelles en serpent de l'Alfama arabe et du Chiado d'époque romaine et médiévale. Paris se lit comme un tronc d'arbre coupé dont les cernes de croissance sont les îles gallo-romaines, la place royale, le boulevard haussmannien, le périphérique. À Berlin, les grapheurs ont peinturluré ce qui reste de la grande balafre en béton, faisant du mur carcéral un symbole de joie retrouvée. Même l'expansion de l'austère Brasilia «corbuso-niemeyerienne» a fini en énorme Bagunça, un joyeux bordel anarchique, ce qui nous ramène au commencement de cette histoire: le dédalisme et ses mille impasses, le cercle de la montre de l'Apple Park, la balançoire du progrès qui ramène au point de départ.

Alors achevons l'ennemi qui gît à terre, l'idéologie invisible et sournoise tapie dans le mur lisse, la langue de bois, la norme froide et le mot creux: «végétaliser», «HQE», «éco-quartiers». L'homme s'est tellement coupé de ses racines naturelles et poétiques qu'il ne peut plus ni verbaliser ni penser ce qu'il a perdu: l'osmose symbiotique avec le grand tout cosmique. Les mots lui manquent et son âme est désemparée de cette perte sourde. Aldous Huxley avait dû recourir à la mescaline pour rouvrir «les portes de la perception» et se reconnecter à la nature, suivant l'exemple des chamanes amérindiens. L'usage des drogues dures étant interdit, on ne peut attendre des architectes, si talentueux soient-ils, qu'ils gomment chez l'être humain des milliers d'années de détachement progressif de lui-même. Et pourtant, on doit le faire. On doit leur demander, car certains ne savent pas que c'est impossible. Et ils vont donc réussir. Un jour. Manal Rachdi est de ceux-là.

Éric Garandeau
est l'auteur des romans
Tapis rouge (2019)
et *Galerie des glaces* (2021),
publiés aux
Éditions Albin Michel.
www.eric-garandeau.com

THE TREE AND THE SWING

Éric Garandeau

"Less is more, less is the power of nature, nature is the power of imagination" is the new *lingua franca* in which Manal Rachdi sets out his mantra and reveals his international ambitions. The little blue book, which brings together the work of his agency, OXO Architectes, concludes with the phrase, "Architecture of frugality and resilience, the future of architecture is nature." Manal Rachdi welcomes visitors to the Café Beaubourg, in front of the public square given to Parisians by Richard Rogers and Renzo Piano, but it's easier to imagine him under an oak tree, or any other tree. "Less is more" is a phrase borrowed from Ludwig Mies van der Rohe, the founder of architectural minimalism and short-lived director of the Bauhaus, yet Manal Rachdi is not to be found in the minimalism that destroys the identities of modern capitals, or in the opportunistic union of architect and industrialist. It is not the *less* but the *more* that interests him. If Nature uses the minimum of energy and matter, it is to produce the maximum of effects, to explode into spectacular and generous forms, from coral reefs to boreal taiga and the canopies of Langkawi, Daintree, Amazonia...

People have hung a swing from this tree, the swing of the child who will become an architect in Terrence Malick's film; the swing of Roubachof drawn by Arthur Koestler. Yes, humankind has been swinging; for several centuries, it has been playing at scaring itself, swinging from one extreme to the other, swinging back and forth in the hope of not ending up hanging from the prop of its vertigo.

Not content with having freed ourselves from all our natural predators, we love to fall into our own traps, inventing an infinite number of them, and we can have fun linking them together, going all the way back to the myth of Daedalus, lost in his own labyrinth after helping Pasiphae give birth to a monster, the Minotaur. How is Daedalus the embodiment of modern man? It is because humankind finds technical solutions to simple problems, which leads it away from the laws of nature to create ever more complicated problems that require ever more complex and technical solutions, *ad infinitum*. Daedalus was clever, the father of all engineer-architects – he designed flying machines before Leonardo da Vinci – but the gods had fun making his life impossible in order to punish him for his hubris. The wreckage of his inventions is accumulating at the bottom of the oceans, with plastic moving up the chain of life, fossil fuels raising temperatures, and information technology depleting rare earths. Will silicon save carbon-based life? Artificial intelligence will undoubtedly provide the ultimate solution to all our accumulated problems, but the wisest scientists fear that, applying the rule of Ockham's razor, the machine will choose the simplest solution, i.e. the elimination of the original problem: humankind (whose self-description as 'Homo sapiens sapiens' makes the beta version of a certain ChatGPT laugh out loud). Just as nuclear power rhymes with the fields of Armageddon as well as with solar fields that can be harvested *ad infinitum*, it is hard not to see the 'world's largest rocket', designed by SpaceX, as the embodiment of the Icarus dream, which we know will end scattered in the atmosphere like a jigsaw puzzle.

Le Corbusier used to say that "the studio is made of space, light and nature", but the fine modernist roadmap has burned up in the industrial fumes of cheap functionalism that makes good business sense for developers. The only thing that makes 'Cities' shine and flourish are the names chosen by councillors practising a novel language worthy of George Orwell. Gone are the garden city ideals of the nineteenth century; forgotten are the hanging gardens of Babylon. All too often the urban alternative lies between overcrowded, anarchic favelas and entrenched, sanitised condominiums, separated by a river or a polluted beach. The European and Mediterranean city still exists, and Italy has managed to preserve it, but France has surrendered to the diktat of roundabouts, housing estates and franchise cities. "Standardisation is a rolling mill that grinds your soul to the bone," says the poet and architect Rudy Ricciotti.

Manal Rachdi is equally scathing with regard to the defence of trees: "If trees gave us Wi-Fi, we'd plant more of them. It's a shame that trees only provide oxygen." But his manifesto is to be found in action rather than in words, in what he constructs at the crossroads of the philosophical and the political, for this is the position of the architect who inherits this turbulent history, industrious and standardising, overloaded with symbols, adventures, excesses and mistakes. They are no longer asked simply to build, but to repair, to make the world more habitable and 'sustainable', to correct its defects. In order to cope with the complexity that has accumulated over the centuries, architects should take the time to think things through, to take the sideways step that allows them to experiment; but no, they are forbidden to get off the swing that continues to oscillate between zero and infinity. Once on board the centrifuge of modernity, the big drunken boat that sways from one side to the other, the architect has to draw the plans and maps, give the orders, supervise the site, apply the procedures and rules, then transgress them, circumvent them. They are at once poet and politician, thinker and builder, protester and accomplice, as flexible as a reed and as resistant as a brick.

It is this choice and this struggle – or this non-choice and this capitulation – that distinguishes the 'good architect' from the rest. Renzo Piano: "If you don't have this strength, which also has a moral dimension, if society doesn't frighten you, you're just an idiot. That's the whole point."

Manal Rachdi's fear is that of the generation born after what we have just described, after the war, after prosperity, after the crisis; a crisis so unending that it is no longer a crisis but a great disorder, an entropy as indefinable as the Middle Ages, in which the remnants of antiquity floated – Imperial, republican, in the midst of city-states, religious orders and barbarian tribes – in a great confusion of ideas and organisations, to the rhythm of migrations, invasions, wars, epidemics and all sorts of vital threats that we find intact: this is our neo-medieval world.

Immovable and rooted in the eyes of the hurrying, hurried and bustling humankind, in the inspired gaze of the poet: this is the tree and its figure. The desire to build came to him as an extra, a surplus, a concession. Even if it means building, Manal wants to make trees grow in concrete, secretly hoping to make it burst with their roots. He dreams of a porous material that breathes humus and lets sap through as glass lets light through.

Manal Rachdi has seized the contradictions of our contemporaries, of thwarted nomads reclining in their aquariums behind their LCD screens. We are a limited and confined humanity whose paradoxical ecology recommends that we complete our separation from our 'environment': ban zoos, bullfights and circuses with wild animals, sterilise pets, stop eating animal meat... In short, leave animals be (until we realise that plants also suffer from being eaten).

In a world of swings and hinges, sooner or later we reach the tipping point. History will tell whether the turning point of the 2020s and its extraordinary and monstrous climax – the great global lockdown – heralded a return to the swing that would allow human beings to reunite with their true nature, or the dawn of a new age, that of humanity cut off from its roots for good, a 'brave new world' where even reproduction would be assisted and programmed, an urban, locked-down way of life that could well develop elsewhere than on Earth. If humanity can live under a glass dome, it can become the 'multiplanetary species' dreamed of by Elon Musk, populating the most hostile environments, from the Moon to Mars, from Mars to the moons of Jupiter...

It would be the culmination of a process of conquest but also of retreat, the triumph of absolute monasticism by human right. In the 2020s, we can be born, live, work and die without leaving our homes. This was the dream of Pascal, for whom "all the unhappiness of mankind comes from one thing: not knowing how to rest in a room". Except that monasteries had open-air cloisters where you could gaze at the stars, fields to harvest and vines to pick. It's hard to imagine Montaigne thinking without riding through the landscapes of Bordeaux and Normandy, or those of Switzerland, Germany and Italy. Man thought that he would become the master and owner of nature, but it is nature that, in order to protect itself, has cut itself off from humankind, encircling it with ring roads, cowering in its cave from which it can only escape through virtual worlds. Now, humankind lurks in its urban reserves.

But here comes a new generation of architects who haven't waited for a succession of PCs (Party conferences, signatory states) and IPCCs (Intergovernmental Panel on Climate Change) to take their destiny into their own hands. Manal Rachdi is the emblem of a generation rebelling in its own way, without a manifesto or fuss, a samurai without a sword, a stealthy and silent warrior, but one who moves.

It's no coincidence that we meet him again that evening at the Centre Pompidou, at the opening of the great exhibition dedicated to Norman Foster, whose great towers and great industrial projects lead to a space dedicated to nature and urbanity, to the figure of the "tree as a metaphor for the ideal building", before plunging back into the great airports and regolithic monasteries housing the extraterrestrial settlers of the Moon and Mars. This is the interesting plasticity of a great architect who adapts to the mood of the times and the contradictory desires of his clients, reserving his utopias for the sketchbooks he inherited from his childhood. As we shall see, Manal Rachdi has not given up on turning dreams into reality.

CHASE OUT NATURE AND IT COMES BACK AT A GALLOP

According to Rudy Ricciotti, "this is the use of signs, the romantic possibility of believing in a transformation of the world, of being ready to fight". Manal Rachdi's work is part of a gentle but stubborn counter-reform, willing to compromise without compromising. Like Jean Nouvel, he does not reject steel and concrete, nor does he succumb to the temptations of Thoreau and Rousseau or the easy gimmick of eco-friendly materials. Nor does he design plywood huts heated with agglomerated marble. No, he tries to synthesise, to graft, to partner, to marry materials, species, circumstances, theories, styles and systems, to study trees, not just to plant a thousand of them, but to deconstruct them and transform them into a Tree of Life (Créteil) or a White Tree (Montpellier). And he is working with everyone: engineers, politicians, industrialists and developers. It's a tree that hides a forest.

Born into a dematerialised, artificial world, Manal Rachdi takes the opposite path, not to return to the state of nature – a utopian and naïve dream of an urbanity unaware of the harshness of wild life – but to return, consciously or unconsciously, to the ideal of the Renaissance, that great century.

It was a time when stones and hedges were hewn, paths and fields were civilised, houses and villages were naturalised. Man had to be the guardian and gardener of God's perfect work. He had a sense of his limitations, a sense of humility; and a sense of aesthetics, so sorely lacking in our utilitarian, calculating age, whose well-oiled assembly lines churn out certified, stamped, calibrated 'hideousness' by the mile.

"Up there in the air, I live in a palace; it's all glass, magnificent and spacious," says the madman in Chrétien de Troyes's *Tristan and Isolde*. With Rem Khoolas, it becomes a delirious New York, a retrospective manifesto of the vertical New Amsterdam, even if it means housing in its bowels the factories of proletarians wholly devoted to the masters of the sky, according to the vertiginous parable of *Metropolis* and its many reinterpretations, up to *Dark City* and *The Matrix*, which replace Plato's cave and the underground factory with the equally dystopian metaverse and matrix. Manal Rachdi believes in the metaverse, but not in *Ready Player One* or *Total Recall*.

Before the 'manifesto' of New York, there was the 'manifesto' of Versailles, made of brilliance, water and light, of palaces, gardens, groves, mazes and Verlaine's "great slender fountains among the marbles". Versailles is the culmination of the humanist, antique and Christian ideal, which tames nature while preserving its naturalness, a reciprocal and subtle interpenetration that puts the lid on the medieval chiaroscuro, while preserving the surprise of other effects – grottoes, hydraulic organs, mirror effects… Through the magic of the Great Gallery's mirrors, the gardens enter the palace and foreshadow the virtual worlds mentioned above. Above all, they foreshadow the vertical galleries of ice that are the forests of crystalline towers in Dubai, Shanghai, Lagos and everywhere else. The eighteenth and nineteenth centuries are the two turning points.

Versailles, a link between ancient cities and garden cities, between the dreams of Eden and Arcadia, Baghdad, Granada and Samarkand; Versailles heralds the nightmares of new cities, the wild modern age, where the urban jungle will replace the forest and concrete will replace marble.

The Marly machine, the levelling of hills and the diversion of rivers, the creation of factories (Gobelins, Saint-Gobain…), all this also foreshadowed the urban follies of communism and capitalism: Louis XIV gave birth to Rockefeller and Stalin. The vertical city, with its forests of concrete and its oceans of car parks, is man without humus, without humanity, with its trail of violence and dystopias leading to Gotham City and Damián Szifrón's *Misanthrope*, a film in which an outsider 'executes' his fellow human beings with a sniper rifle on New Year's Eve because their noise disturbs the silence of the night, because their fireworks obscure the stars with the surplus of street lamps and concrete towers.

"Beauty lies in the bizarre," wrote Baudelaire, the thinker of modernity. The beauty of the new has been pushed into the realm of the extravagant, *La Grande Bellezza* is exhausted in the noisy emptiness of fashion shows, pan-concerts and hysterical debates, the exhaustion of resources and meaning, the exhaustion of patience against a backdrop of infrasound…

Everywhere we feel that a turning point is under way, that our era is at a crossroads, and Manal Rachdi's work is part of that crossroads, that vanishing point and question mark. It's impossible to turn back the clock, and the 'great leap forward' to the stars is illusory. We have to repair and transform cities and fields, and sew humans back into the living.

SEWING PEOPLE BACK INTO THE FABRIC OF THE WORLD

Manal Rachdi is the fruit of this great story, and of a family history that began in rural Morocco. Young Manal travelled through the forests of Rabat with his grandfather and will always carry in his body and heart the smell of humus, the sunlight streaming through the branches, the sounds of life teeming and throbbing, the breath of the living. He carries with him the nostalgia of Eden and the garden of childhood.

And what do you think he studied? Architecture? Nope! Manal Rachdi initially studied biology and geology, encouraged by his parents, his father a doctor and his mother a midwife. This unexpected diversion was to prove fruitful: the architect is a midwife of forms, and they operate within the urban fabric. They also know that it is pointless to deny technical progress, and equally dangerous to compartmentalise knowledge. Medicine is still a matter of tinkering and considers the human being as a whole, as a system that is part of a great mystery.

Rachdi's intuitive, sensory and sentimental knowledge of the organic, of living things, was complemented by a scientific approach. He wanted to understand how cells worked. He was fascinated by this marvellous thing that keeps its secret, where life is created behind the protection of a membrane, a porous wall. The cell connects the inside and the outside as much as it separates and distinguishes them, allowing exchange and trade. Blaise Cendrars poetised it in his own way: "Systole, diastole: the two poles of existence; outside-in, inside-out: the two beats of mechanical movement; contraction, dilation: the breathing of the universe, the principle of life: Man. Dan Yack, with his figures."

And then there's the eternal cycle of births and deaths: in his lectures, Manal reminds us that it would only take two or three centuries – a nanosecond on the cosmic clock – to erase all visible traces of human occupation of the Earth. This is another quality inherited from his family history, humility; humility in the face of the complexity of the human body, its frugality, its fragility and resilience, its transience. So it's decided! "Biomimicry is the future of urban planning", and living things will be the main source of inspiration for Manal Rachdi and his studio, OXO Architectes.

So many egotistical architects dream of immortality by designing the unusual monument, the work that stands out, the iconic style that breaks with its time and context.

It's the archetypal solitary tower, whether it's an endless tower like the Montparnasse Tower, the Chrysler Building... or a simple one like The Gherkin. When this trend is mentioned, Manal Rachdi reacts immediately: without going as far as anti-matter, he produces "anti-towers" all day long: his contextual architecture blends into the background, stealthily, underground, submerged, almost invisible! His method: "I search the depths of the site for all the information that can help me design a project that is best adapted to the landscape, the weather, the way of life and the traditions. The essential thing is to achieve a balanced dialogue between the architecture, the building itself and its surroundings. And then translate it into balconies with views, gardens or camouflage systems." In this way, he hides the Lycée Jean Moulin under a hill, in a massif, drowning it in a landscape offered in return to the students. From the terraces, they will be able to admire it, with its "gentle curves" and "wide, diaphanous spaces".

Manal Rachdi is an intuitive and iterative landscape designer, rather than a formalist. He is less interested in the typology of forms dear to Jean-Christophe Quinton, who brilliantly boxed up the dreams of the architects of Greater Paris at the Cité de l'architecture, than in the topology of places.

And his method is inductive, intuitive: he puts pen to paper, runs his software, introduces his parameters, his objectives, his constraints, observes the result and rolls the dice again and again until he gets the desired result, like an artist attentive to the smallest detail – a texture, a door knob – and to the overall composition. 'Ecotone Antibes': a hill at dusk, and, beneath the vegetation, a town resembling an anthill, a beehive. The wide staircases of the shared teaching building (BEM) at Saclay become the benches of a "spontaneous amphitheatre", where you can descend or sit down for a relaxed or impassioned conversation – like Hestia and Hermes, always in concert.

Certainly, when Manal Rachdi creates on his own the 'Tree of Life' and the 'White Tree' with Sou Fujimoto and Nicolas Laisné, they are dazzling monuments, towers with a capital T! Look at how the trees climb in terraces along the 'Tree of Life', as if to soften its rigour, creating a layered mass, similar to the rice paddies of the Orient. Look at how the 'White Tree' unfurls its generous balconies in vegetal corollas, in contrast to the austere, phallic or anorexic towers; in contrast to the franchised capitals, "all the same now, facets of the same mirror, dressed in steel, dressed in black, like a lego, but with no memory" (Gérard Manset). It's like a distant echo of the prow and lush service areas of his mentor Jean Nouvel's Nemausus in Nîmes, not far from Montpellier.

In Lille, it's a 'Kaskade' that pours a torrent of greenery over the storeys of a block of white stone with wooded trellises, splashing its luxuriance onto the railway line below, bouncing off the austere, mineral façade of the large 'Perret'-style development in the background. The 'Thousand Trees' suspension bridge over the Paris ring road, Moscow's 'Flowing Park', the rollercoaster of Lille's 'Metropolitan Square' – these are all interpretations of the hanging gardens of Babylon, the inhabited bridges of Florence and Paris, or the troglodytic dwellings on the banks of the Loire, nestling in the stone, between sky and garden.

When Manal Rachdi was asked to design the 'Intelligence Campus' on Creil's 110 air base to open up the world of intelligence to civil society, to bring together in a single place 'paranoid' military personnel, autistic geeks and mad researchers – when any sensible person would run away – he said "yes". He said "yes", and designed a city of the future criss-crossed by drones on sails and wheels, on green motorways, with a village of companies bringing the aeroplane hangars back to life, and then crossroads and amphitheatres where analysts, start-ups and researchers will meet. There will even be a museum of French espionage and a film festival.

Another 'mission impossible' was to resurrect the legendary Victorine film studios, which celebrated their centenary in 2019 but have been derelict for too long. OXO is resurrecting an artistic village, open to all film lovers, while preserving the confidentiality of filming on enlarged sets that will include the dock in which Rex Ingram shot the underwater scenes of *Mare Nostrum* in 1925, while the magnificent carpentry that was used to make the sets for *Children of Paradise* and *American Night* will become a meeting place, restoration centre and memorial to major film shoots, without forgetting to look to the future, with the Ecole des Compagnons de la Victorine. Even when Manal Rachdi is offered the ghostly stations of the Paris Metro, he finds ways to turn them into swimming pools, gardens and theatres.

These projects arouse the enthusiasm of the visionaries; and, as they should, the wrath of the narrow-minded conservatives, entrenched in the comfort of the sterile 'self-sufficiency', hiding behind the cloak of 'defence secrecy' or 'shooting secrecy'… Patience, "patience in the blue" according to Hubert Reeves, in France ideas progress by age.

As with all the greats, Manal Rachdi reiterates the same convictions from project to project, while refusing the ease of self-plagiarism and the 'Signature' menu. He never makes the same building, but not for the sake of it, but because the context demands it. Nature reproduces itself by reinventing itself each time; no two trees in the world are the same. Nature is a never-ending experiment, an entropic fugue in a spiral snake of a thousand mutations.

Yes, Manal is true to Jean, he's doing something new and 'Novel', he's taken up the torch of the man who for decades thundered against "the gigantic enterprise of national standardisation". A sensitive archaeologist of context, Manal continues the fight against the urban planning that "brings the codified, slow and inexorable death of real life to every French city". And like the seventy-six signatories of the March 76 appeal, he works together, in association, as this book vividly illustrates.

THE ZEN HORIZON

It has been said that Manal Rachdi is French and Moroccan, but he is above all Japanese, right down to his samurai physique. He sees buildings as clouds lost in the immensity of a faded sky. In Bordeaux, it's Cirrus with 'celestial verticals' revealing 'distant reliefs', preferring engraving to the stamp. His collaboration with Sou Fujimoto is no accident. The Far East has fascinated him, mirroring the West. In the land of the rising sun, baths are boiling hot, oysters are hot and fish is raw, sake is lukewarm, cars are square and houses are made of paper. People sleep on the floor, furniture flies, a square is closed by a circle and smokers are asked to smoke indoors. We say 'mirror', but a mirror without glass, a paper mirror that prefers translucence and opacity to the hardness of brilliance. Japan helps Manal Rachdi to think backwards, to make light and airy out of hyper-density, as in the housing projects and service facilities designed by OXO for Nanterre.

Manal Rachdi is both Mediterranean and Japanese in his quest for economy of means and resources, and in his search for harmony between forms and uses, in which aesthetics is never absent: Feng Shui and Kalo(k)agathos, the same battle. Optimising, filing, trimming, reversing, sanding, lifting, decompressing, tilting, digging, opening, playing with models and turning them over and over again until the ideal form is found, the perfect equation. All great artists go through this process of trial and error, which requires both intelligence and sensitivity.

One of Manal Rachdi's mantras is that "the greenest building is the one we didn't build". More than half the world's population now lives in cities, and one of the most pressing issues is the 'sustainable city'. Do we need sprawling, breathable cities – pavilion-like archipelagos – or dense, intense, mineral cities? "Neither," replies the apostle of the third way. Densification and verticalisation help to avoid urban sprawl, but mineralisation and the exclusion of living things create other problems: rising temperatures, longer logistical circuits, poor energy efficiency of high-rise buildings, depletion of raw materials, not to mention the effects on physical and mental health. Manal Rachdi is in no doubt: it is the human being cut off from the living who becomes a zombie, a 'vegetable', and ends up obese; it is the violence of the concrete slab that produces human violence. In his tower of crystal and ivory, the old architect of the 'Tree of Life' misses the house of his childhood, just as Manal Rachdi misses the forests of Rabat. A lost paradise, from Genesis to John Milton and Toru Naomura.

Between the sprawling city and the vertical city, there is the path of pre-industrial common sense, the cities of the Renaissance and the garden cities of the industrial age, the wisdom of the Romans and Greeks, who knew how to orient cities according to the prevailing winds, make use of shadows and the circulation of water, and recycle energy and waste. A visit to the ruins of Pompeii, Herculaneum and the Peloponnese is more instructive than any engineering textbook. Manal Rachdi is convinced that forests and parks can reduce the temperature of cities by three or four degrees (branches, shade, evaporation, etc.) and that we could calculate and control all the carbon emissions of buildings and cities, if politicians had the will…

Integrate, inspire, recover, recycle. Never give up on aesthetics, on the sudden and unforeseen beauty of life, whose geometry draws the most diverse forms. It was thought that there was advanced life on Mars because of the straight lines on the ground, interpreted as 'Martian canals'. When Manal Rachdi discovered the project for a new city, 'The Line', designed as a gigantic mirror set in the Saudi desert, his heart sank: who would want to live between these gigantic walls, worthy of a set from the *Black Mirror* series, in a rectilinear city of buildings that looks like anything but a city?

A return to nature has become the new doxy, as demonstrated in 2009 by the responses of the ten international teams that took part in the international consultation on Greater Paris launched by President Nicolas Sarkozy. Manal Rachdi took part alongside Jean Nouvel, Jean-Marie Duthilleul and Michel Cantal-Dupart. Whether in terms of housing, transport, identity or culture, the need to reconnect with nature was clear: "Never before have we seen a heart so cut off from its limbs" (Richard Rogers). But alas! This great impetus, this great wave, rich in a thousand proposals and "a thousand little joys", was to break against the coalition of bad practices and bad habits: old-fashioned planning, old-fashioned real estate development, old-fashioned engineering, old-fashioned political calculations... The thousand dreams turned into an administrative mille-feuille even more inextricable than the old one, and the metropolitanisation of Fulgence Bienvenuë's metro, designed by the brilliant Jean-Marie Duthilleul, had to give way to a monstrous subterranean wormhole – which, thirteen years later, has still not emerged from the ground.

Manal Rachdi decided to go his own way and experiment on his own scale, without abandoning his wildest dreams, such as establishing communications between the two sides of the Bering Strait. While ecology is the new doxy, while the intention may be there, its application can turn into a nightmare.

Watching Norman Foster and Steve Jobs enclose an entire forest within the giant circle of glass and concrete of Apple Park in Cupertino, you may be impressed by the energy efficiency and formal perfection, but the result is as chilling as *The Line*. The paradox of maximalist minimalism. Where is the charm of the chance encounter, where is the space left for the unexpected, for improvisation, for discovery? Rudy Ricciotti tells us that he allowed a thick flow of deformed concrete to spoil the beautiful straight lines of a carefully drawn plan (for the Pavillon Noir in Aix-en-Provence) precisely because it was an accident of history, an unexpected scar that occurred one New Year's Eve. Do we want to live in a line or in a circle and spend our days going round in circles?

Cinema is the art of the off-screen, poetry is the art of suggestion, all art is the art of dissimulation, of dissonance. Sometimes half is better than the whole. And for a city to be admired, never shown in its entirety, to be penetrated by small touches and successive events. "A river is only frightening if you don't know how to cross it" (Baltasar Gracián, *The Hero*). It was in this spirit that OXO designed Dosha, a grand palace with Venetian windows and hanging gardens in the Armagnac district of Bordeaux. "Isn't this the essence of architecture? A place that provokes the desire to explore, that allows each individual to isolate himself in order to continue his reading and his desire to discover? Appropriation, the eternal concern of the architect who delivers his building, who asks himself: "Will it become a monument? Will it stand the test of time?" History's fruitful dialogue with geography: how many surveyors' plans have been thwarted or inspired by life's accidents, wars and tidal waves? In Lisbon, the earthquake of 1755 can be read in the austere lines of the Baixa Pombalina, dominated by the winding alleys of the Arabic Alfama and the Roman and medieval Chiado. Paris can be read like the trunk of a severed tree, its growth rings the Gallo-Roman islands, the Place Royale, the boulevard Haussmann and the ring road. In Berlin, graffiti artists have painted over the remains of the great concrete scar, turning the prison wall into a symbol of rediscovered joy. Even the expansion of the austere 'Corbuso-Niemeyerian' Brasilia has ended up as an enormous *bagunça*, a joyful anarchic mess, which takes us back to the beginning of this story: the labyrinth and its thousand dead ends, the Apple Park clock circle, the swing of progress that takes us back to the starting point.

So let's finish off the enemy lying on the ground, the invisible and insidious ideology lurking in the smooth wall, the wooden language, the cold standard and the hollow word: 'greening',

'HQE', 'eco-neighbourhoods'. Man has cut himself off from his natural and poetic roots to such an extent that he can no longer verbalise or think about what he has lost: symbiotic osmosis with the great cosmic whole. Words fail him and his soul is distraught by this silent loss. Aldous Huxley had to resort to mescaline in order to reopen the gates of perception and reconnect with nature, following the example of the Indian shamans. With the use of hard drugs banned, we cannot expect architects, however talented, to erase thousands of years of progressive detachment from themselves. And yet we must. We have to ask them, because some of them don't know it's impossible. And so they will succeed. One day. Manal Rachdi is one of them.

Éric Garandeau is the author of the novels *Tapis rouge* (2019) and *Galerie des glaces* (2021), published by Éditions Albin Michel.
www.eric-garandeau.com

NATURE SUSTENTÉE

L'ARBRE DE VIE

Créteil, France

Aujourd'hui plus que jamais, les usages élémentaires d'habitat, de travail ou de commerce doivent être repensés, et de nouvelles synergies doivent être trouvées.

L'Arbre de Vie est envisagé pour apporter une réponse innovante et responsable à ces enjeux cruciaux grâce à la conception d'une pièce urbaine, paysagère et architecturale qui offre un ensemble varié de service à différentes échelles: celle de l'usager et du site; et au-delà, celle du territoire du Grand Paris Sud Est Avenir.

L'ambition voulue à travers l'Arbre de Vie est aussi de participer au rayonnement de la ville de Créteil en créant des espaces propices au développement et au bien-être commun. Marqué du sceau de l'ouverture et de l'altérité, le projet est conçu afin que tous les riverains, proches ou lointains, puissent en profiter. Symbole architectural précurseur et respectueux de l'environnement, l'Arbre de Vie deviendra la plus haute tour végétalisée de l'Est parisien et l'une des plus hautes tours d'Europe.

Le socle du projet repose sur une relation de proximité et de complicité avec l'espace public environnant et est conçu pour entrer en résonance et interagir avec lui. Véritable lieu de vie et de rencontres, il doit être pensé en lien avec les habitants qui le pratiquent, le parcourent et en prennent soin. La tour abrite des bureaux, des logements, des commerces, des restaurants, des amphithéâtres et des salles de cours ainsi qu'un ensemble sport-santé. Le toit de la tour est accessible à tous afin de profiter du restaurant panoramique.

L'agriculture urbaine est développée en lien avec une offre de restauration diversifiée, en complément du centre commercial existant. Cette multiplicité des programmes a pour vocation de créer un lien social et intergénérationnel, et permet au bâtiment de vivre à toute heure du jour et de la nuit.

Statut: Concours gagné en 2019
Maîtrise d'ouvrage: B&C France
Architectes: OXO Architectes
Programme: Bureaux, logements, commerces, amphithéâtre, salles de cours, ensemble sport-santé
Surface: 49 500 m²
Hauteur: 145 mètres

Now more than ever, the basic uses of housing, work and commerce need to be rethought, and new synergies found.

L'Arbre de Vie is intended to provide an innovative and responsible response to these crucial issues by designing an urban, landscaped and architectural piece that offers a varied range of services at different levels: for the user and the site; and beyond that, for the Grand Paris Sud Est Avenir region.

The aim of the Arbre de Vie project is also to contribute to the development of the city of Créteil by creating spaces conducive to shared development and well-being. The project has been designed with openness and otherness in mind, so that all residents, near and far, can benefit from it.

A pioneering architectural symbol that respects the environment, the Arbre de Vie will become the tallest green tower in eastern Paris and one of the tallest in Europe.

The project is based on a relationship of proximity and complicity with the surrounding public space, and is designed to resonate and interact with it. A real place for living and meeting, it must be designed in conjunction with the residents who use it, walk through it and take care of it. The tower comprises offices, housing, shops, restaurants, amphitheatres and classrooms, as well as a sports and health complex. The roof of the tower is accessible to all for shared enjoyment of the panoramic restaurant.

Urban agriculture is being developed in conjunction with a diverse range of restaurants, complementing the existing shopping centre. This multiplicity of programmes is designed to create a social and intergenerational link, and to ensure that the building is alive at all times of the day and night.

Status: Competition won in 2019
Location: Créteil
Client: B&C France
Architects: OXO Architectes
Project: Offices, housing, shops, amphitheatre, classrooms, sports and health complex
Surface area: 49,500 m²
Height: 145 metres

Double-page précédente:
Ecotone Antibes,
Sophia-Antipolis, Antibes, France
Perspective générale
Previous double-page:
Ecotone Antibes,
Sophia-Antipolis, Antibes, France
General view

Ci-contre:
Perspective depuis l'avenue Charles-de-Gaulle
Opposite:
View from Avenue Charles-de-Gaulle

Perspective d'ambiance / Architectural visualisation

Maquette / Model

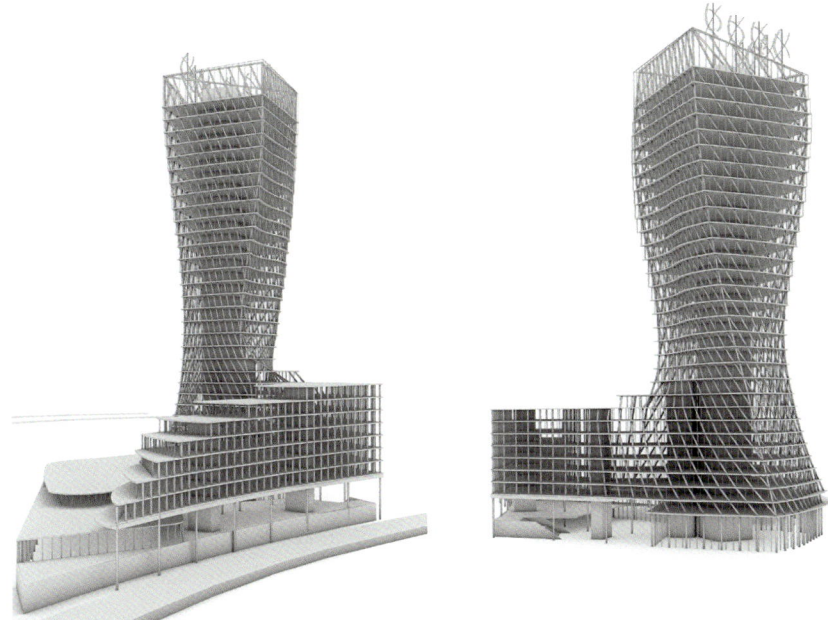

Principes structurels / Structural principles

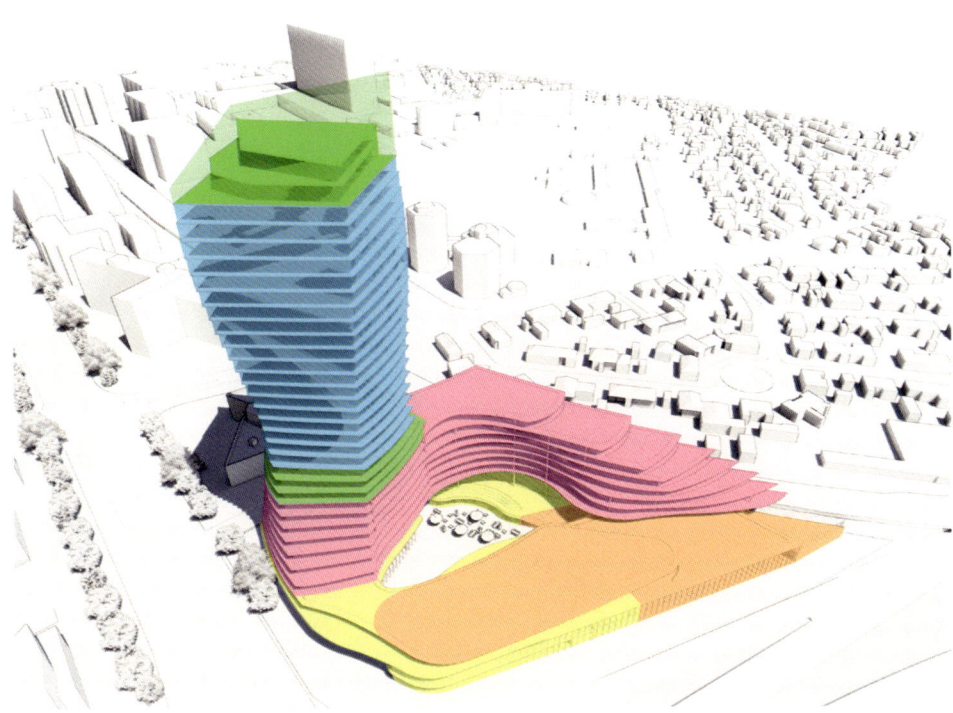

Axonométrie programmatique / Programmatic axonometry

FLOWING PARK
Moscou, Russie / Moscow, Russia

Le site du projet Flowing Park est un terrain d'environ 50 000 m², situé à côté du troisième anneau routier de Moscou, près de la gare Savyoloskaya. Le programme du projet concerne des bureaux, un hôtel, des commerces, et une gare routière.
Flowing Park se pose comme objectif principal d'améliorer les parcours et les flux piétonniers afin de favoriser la communication entre la gare, la station de métro et la gare routière. Il permet aussi d'offrir à la ville et aux habitants de Moscou un parc urbain unique dans cette partie minérale de la capitale qui recouvre Butyrskaya Street, une grande voie de communication.
Grâce à sa morphologie, Flowing Park facilite l'accès au parc depuis la gare. Il fonctionne comme une couverture naturelle du bâtiment de la gare routière, le tout étant animé par un socle commercial. De grands patios apportent de la lumière aux bureaux, à la gare routière, et aux routes sous-jacentes.

The site of the Flowing Park project is a plot of land of around 50,000 m², located next to Moscow's third ring road, near Savyolovskaya station. The project includes offices, a hotel, shops and a bus station.
Flowing Park's main objective is to improve pedestrian routes and flows to encourage communication between the station, the metro station and the bus station. It also offers the city and the people of Moscow a unique urban park in this built-up part of the capital, which covers Butyrskaya Street, a major thoroughfare.
Thanks to its morphology, Flowing Park facilitates access to the park from the station. It acts as a natural covering for the bus station building, the whole being enlivened by a commercial base. Large patios bring light to the offices, the bus station and the underlying roads.

Statut: Esquisse en 2018
Maîtrise d'ouvrage: Compagnie de Phalsbourg, Imagim Real Estate
Architectes: OXO Architectes + Sou Fujimoto Architects
Programme: Bureaux, hôtel, commerces, gare routière
Surface: 80 000 m²

Status: Draft in 2018
Location: Moscow, Russia
Client: Compagnie de Phalsbourg, Imagim Real Estate
Architects: OXO Architectes + Sou Fujimoto Architects
Project: Offices, hotel, shops, bus station
Surface area: 80,000 m²

Perspective du jardin suspendu
View of the hanging garden

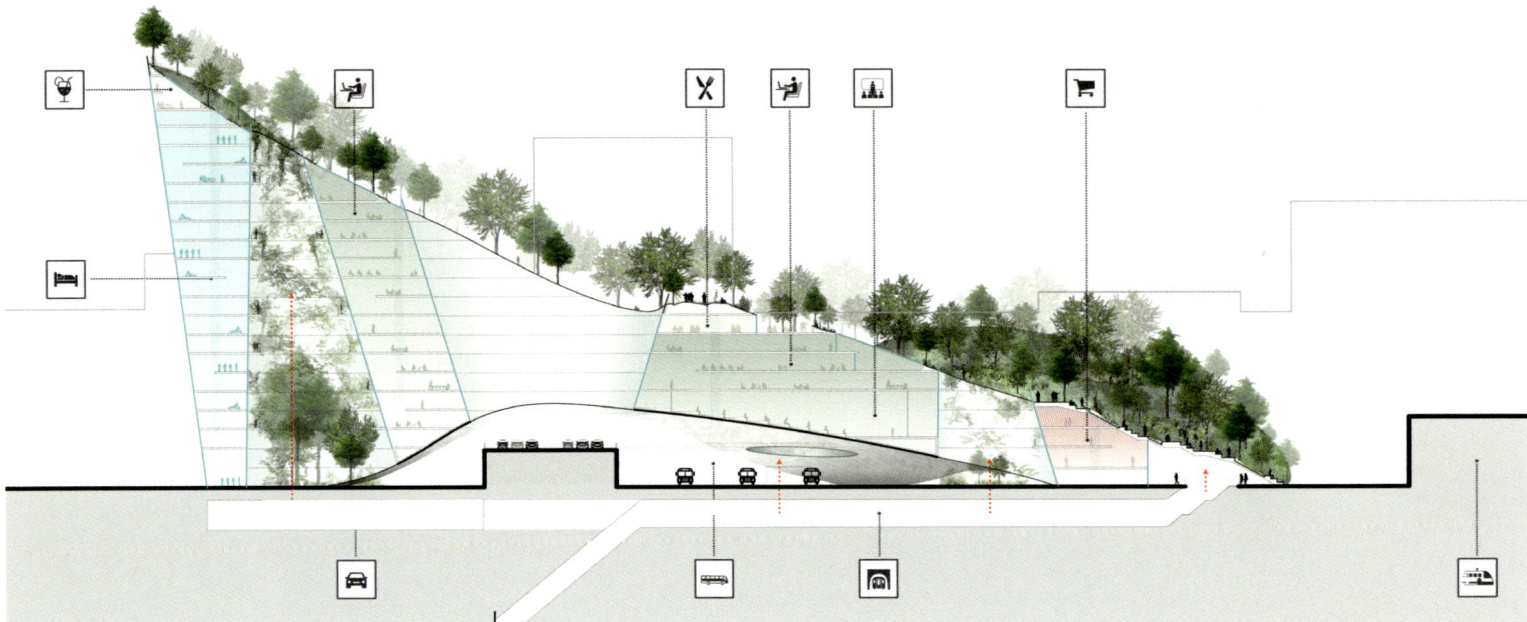

Coupe / Section

Maquette / Model

Plan masse / Site plan

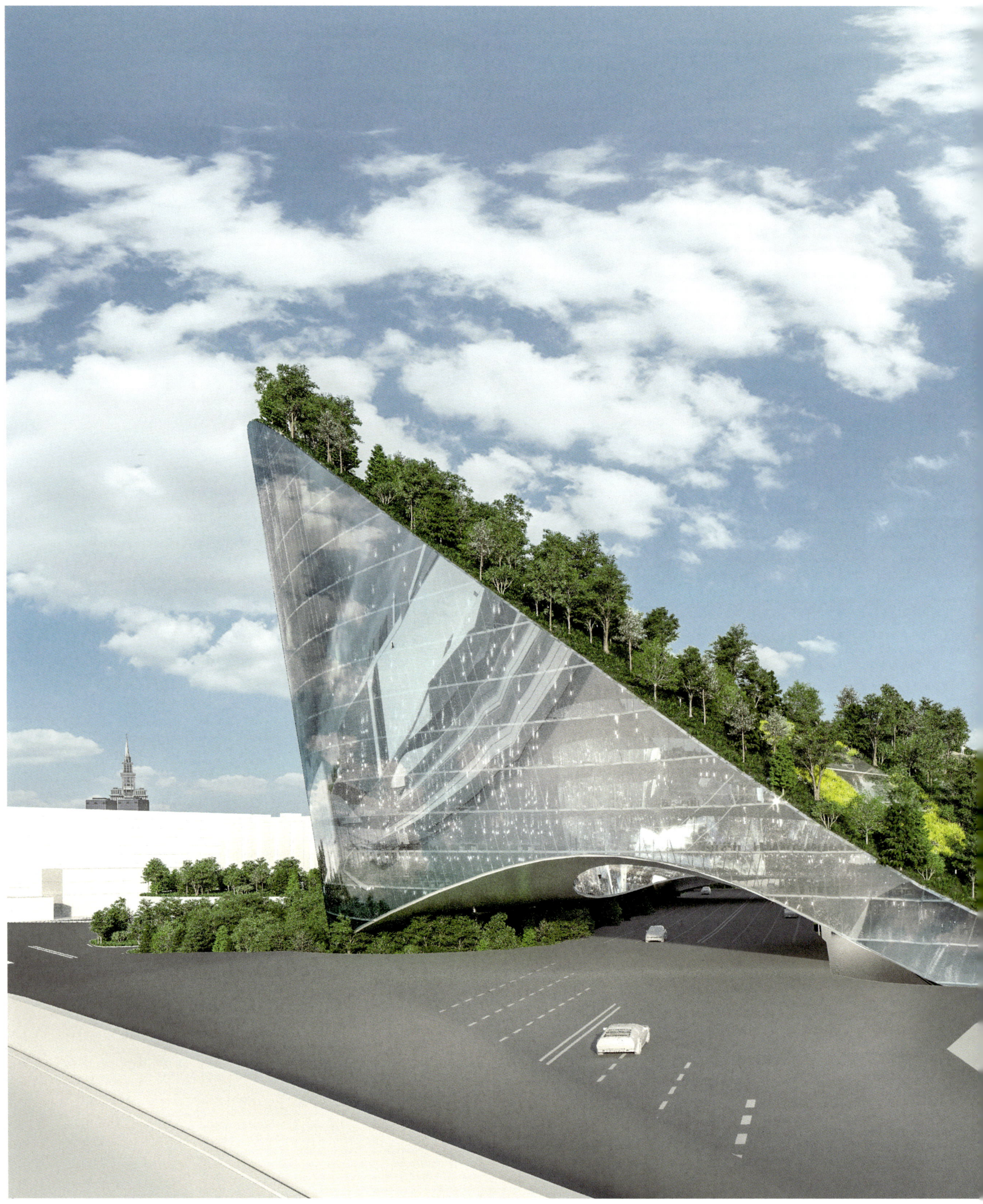

Perspective générale
General view

Perspective générale (hiver)
General view (winter)

Perspective générale
General view

FLYING GARDEN
Paris, France

Bien qu'il relie le quai de Javel-Bas et la rive droite de la Seine, Flying Garden n'a rien à voir avec un pont au sens traditionnel du terme. Prolongation naturelle du parc André-Citroën, il s'agit d'un écosystème urbain recouvert d'une toison verte de 13 000 mètres carrés, composée de nombreuses espèces végétales. La structure accueille des espaces de bureaux, des commerces, des espaces de loisirs, des jardins d'enfants, des jardins partagés, et des parcelles d'agriculture urbaine. L'ensemble est traversé de pistes cyclables et de voies piétonnes. L'énergie hydrolienne fluviale, la thalassothermie et les panneaux solaires couvrent près de 80 % des besoins énergétiques du site. Bois, isolants en laine de chanvre, peinture végétale, matériaux recyclés constituent une part importante des matériaux employés.
OXO Architectes, SLA A/S et Lagneau Architectes ont conçu Flying Garden telle une nappe flottante au-dessus de la Seine. Sa silhouette n'est plus une trajectoire rectiligne croisant le lit du fleuve, c'est à présent un ouvrage qui enlace les eaux. L'ondulation de la nappe évoque l'écoulement de l'eau. Les contours de ce pont habité s'y reflètent, s'y prolongent, s'y miroitent. Se dessinent ainsi de multiples perspectives et points de vue en lévitation au-dessus de la Seine.
Abritant des activités diurnes et nocturnes changeantes au fil des saisons, Flying Garden est un lieu de vie et d'expérience, un grand parc ouvert à tous : habitants de Paris, touristes ou simples promeneurs.

Statut : Étude en 2018
Maîtrise d'ouvrage : Compagnie de Phalsbourg
Architectes : OXO Architectes + SLA A/S + Lagneau Architectes
Programme : Bureaux, commerces, salle de concert, activités, jardins
Surface : 13 000 m²

Although it links the Quai de Javel-Bas and the right bank of the Seine, Flying Garden has nothing to do with a bridge in the traditional sense of the term. A natural extension of the André-Citroën Park, it is an urban ecosystem covered by a 13,000 square metre green blanket, containing numerous plant species. The structure is home to offices, shops, leisure areas, kindergartens, shared gardens and urban agriculture plots. The whole complex is criss-crossed by cycle paths and pedestrian walkways. Nearly 80% of the site's energy needs are met by river hydrokinetic energy, thalassothermal energy and solar panels. Wood, hemp wool insulation, plant-based paint and recycled materials make up a significant proportion of the materials used.
OXO Architectes, SLA A/S and Lagneau Architectes have designed Flying Garden like a floating sheet above the Seine. Its silhouette is no longer a straight trajectory crossing the riverbed; it is now a structure that embraces the waters. The undulation of the water table evokes the flow of water. The contours of this inhabited bridge are reflected, extended and mirrored. The result is a multitude of perspectives and viewpoints levitating above the Seine.
With daytime and night-time activities that change with the seasons, Flying Garden is a place to live and experience, a large park open to everyone: Parisians, tourists and anyone just strolling around.

Status: Study in 2018
Location: Paris, France
Client: Compagnie de Phalsbourg
Architects: OXO Architectes + SLA A/S + Lagneau Architectes
Project: Offices, shops, concert hall, activities, gardens
Surface area: 13,000 m²

Perspective générale / General view

Plan masse / Site plan

Perspective 3D de l'ensemble / 3D view of the complex

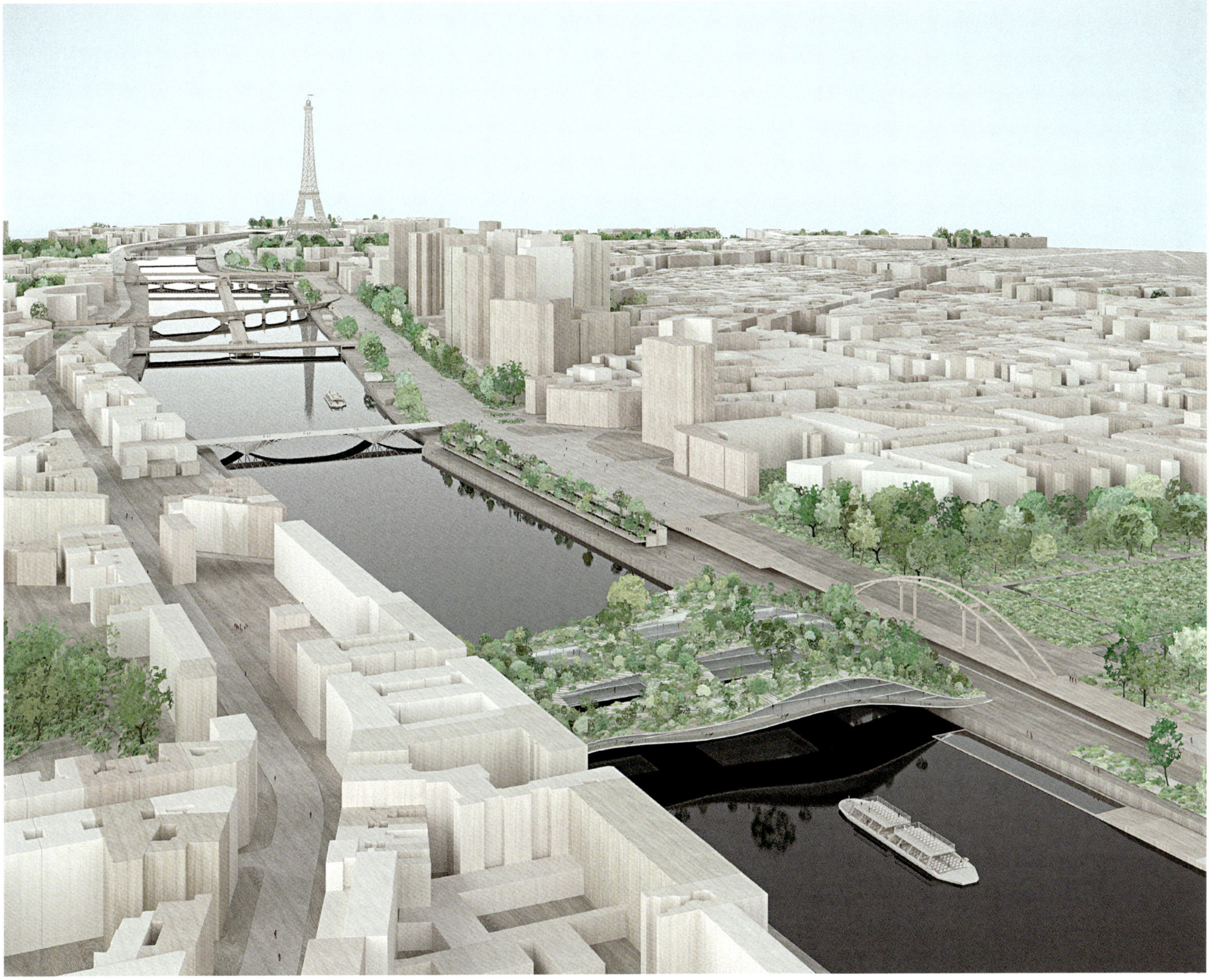

Perspective générale / General view

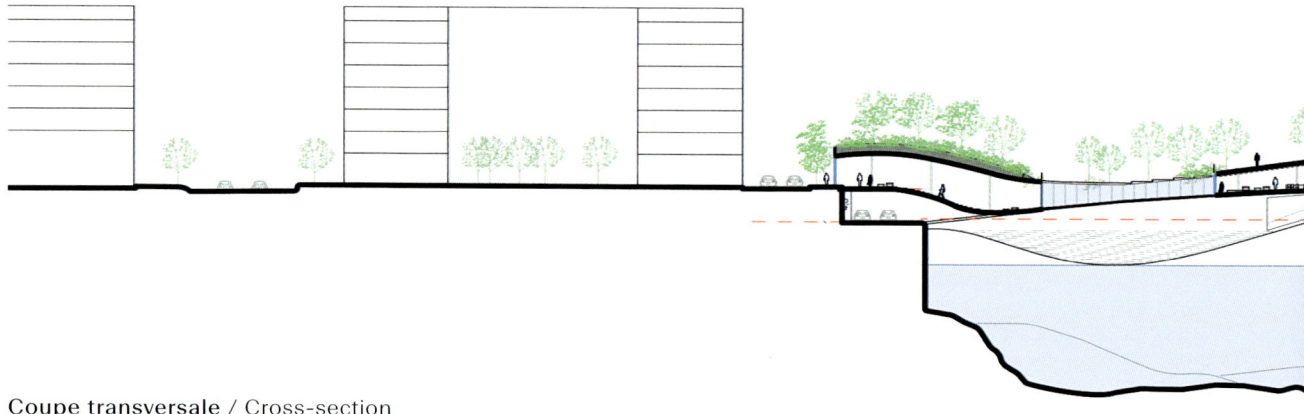

Coupe transversale / Cross-section

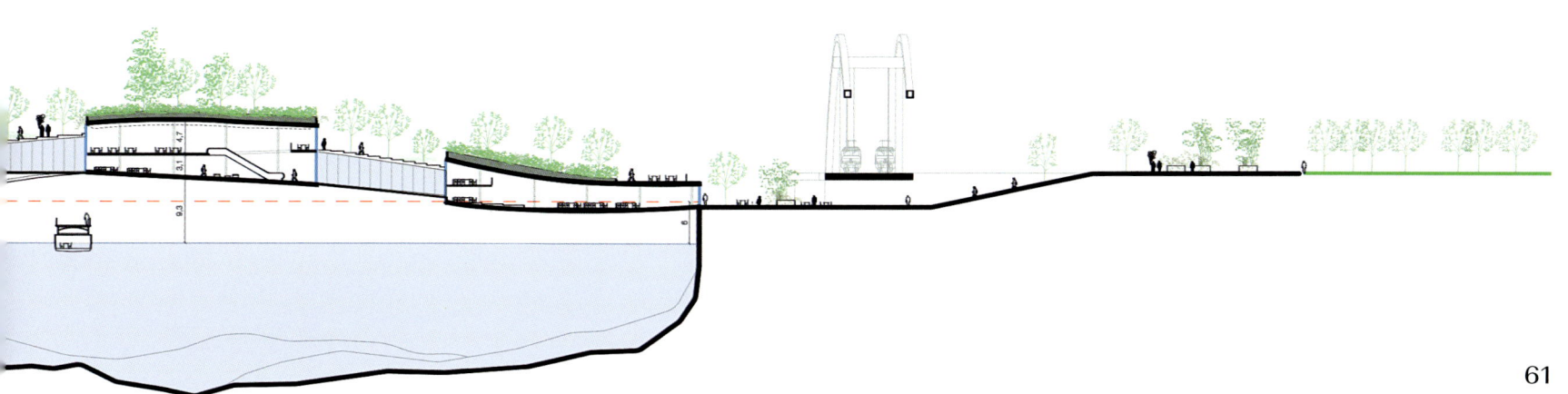

MILLE ARBRES

Paris, France

Tout à la fois immeuble-ville, immeuble-pont et immeuble-jardin, Mille Arbres est un projet hybride dont les programmes se superposent afin de privilégier les échanges et les performances écologiques.

Composé de bureaux, d'un hôtel, de logements, d'une gare routière, d'un pôle enfance et d'une rue intérieure s'ouvrant sur un food-court, Mille Arbres transforme le rapport entre le centre urbain et la périphérie grâce à la création d'un pont habité entre Paris et Neuilly.

La forme du bâtiment en pyramide inversée permet d'avoir le minimum d'impact au sol tout en aménageant de nouveaux espaces publics. Par l'implantation de véritables «morceaux de forêt» au cœur de la ville – l'un juste au-dessus du niveau de la rue et l'autre au sommet du bâtiment – Mille Arbres contribue à augmenter et préserver la biodiversité, à créer un îlot de fraîcheur. Le projet propose réversibilité, mutabilité et flexibilité des programmes, l'un des grands défis de notre époque. Mille Arbres est conçu de telle sorte que les bureaux peuvent se transformer en logements, l'hôtel en bureaux et en logements, et ce afin de pérenniser le projet dans le temps et de s'adapter à la ville en mutation. L'édifice a une autonomie énergétique grâce aux énergies renouvelables puisées dans le site, à savoir la géothermie, l'énergie solaire et les éoliennes. La boucle énergétique créée entre les différents programmes permet d'optimiser et de réduire la consommation énergétique.

Statut: Concours gagné en 2016
Maîtrise d'ouvrage: Compagnie de Phalsbourg + OGIC
Architectes: OXO Architectes + Sou Fujimoto Architects
Surface: 56 000 m²
Budget: 250 M€ H.T.
Programme: Bureaux, logements, hôtel, pôle enfance, gare routière, commerces et bistrot gastronomique

---

A city building, a bridge building and a garden building all in one, Mille Arbres is a hybrid project whose programmes overlap to promote exchanges and ecological performance.

Comprising offices, a hotel, housing, a bus station, a children's centre and an internal street opening onto a food court, Mille Arbres transforms the relationship between the urban centre and the suburbs by creating an inhabited bridge between Paris and Neuilly.

The building's inverted-pyramid shape means it has minimal impact on the ground, while at the same time creating new public spaces. By planting real "pieces of forest" in the heart of the city – one just above street level and the other at the top of the building – Mille Arbres is helping to increase and preserve biodiversity and create an island of freshness.

The project proposes reversibility, mutability and flexibility of programmes, one of the great challenges of our time.

Mille Arbres has been designed in such a way that the offices can be transformed into housing, and the hotel into offices and housing, in order to perpetuate the project over time and adapt to the changing city. The building is energy self-sufficient thanks to renewable energies drawn from the site: geothermal, solar and wind power. The energy loop created between the different programmes helps to optimise and reduce energy consumption.

Status: Competition won in 2016
Location: Paris, France
Client: Compagnie de Phalsbourg + OGIC
Architects: OXO Architectes + Sou Fujimoto Architects
Surface area: 56,000 m²
Budget: €250m excluding VAT
Project: Offices, housing, hotel, children's centre, bus station, shops and gourmet bistro

---

Perspective depuis une terrasse de logement / View from the terrace of a dwelling

Perspective générale / General view

63

Perspective générale
General view

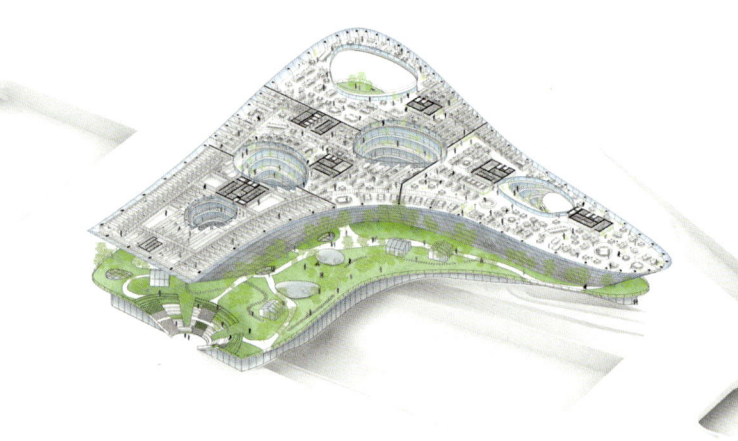

Axonométrie du R+6 / R + 6 axonometry

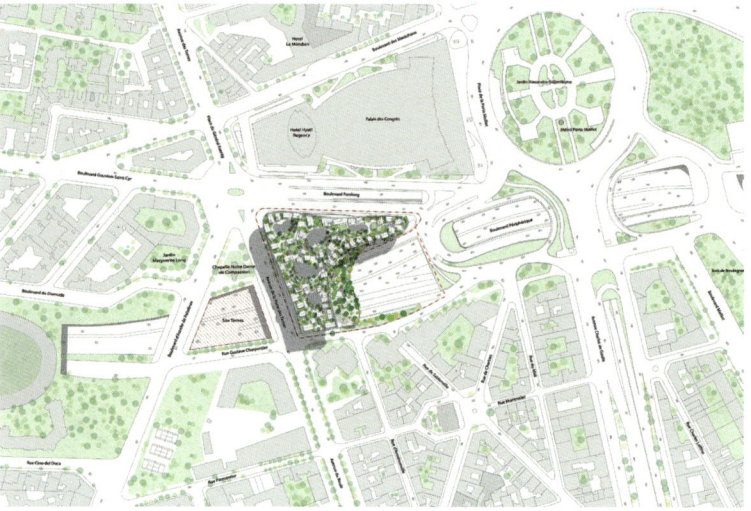

Plan masse / Site plan

Perspective aérienne / Aerial view

Perspective générale
General view

METROPOLITAN SQUARE

Lille, France

S'inscrivant dans le cadre du projet urbain d'Euralille, Metropolitan Square sera tout à la fois un bâtiment intégrant bureaux, logements et commerces; un parc arboré suspendu; et un hub connectant les parties de la ville qui l'entourent.

Les nouveaux espaces de vie, de travail et de détente auront tous un lien étroit avec la nature et le paysage. Ils mettront en scène des échelles de perception proches et lointaines. Le bâtiment s'intégrera ainsi dans la ceinture verte lilloise, permettant une connexion plus fluide entre le Jardin des Géants, le parc Matisse et le Parvis des Nuages.

La métropole lilloise présente aujourd'hui un faible ratio d'espaces verts par habitant. Metropolitan Square renversera cette tendance en offrant à toutes et à tous l'accès à un vaste parc-belvédère où il sera possible de travailler, de flâner, de se détendre dans un cadre verdoyant.

De larges passages sont prévus d'être aménagés au cours de cette réalisation. En plus de permettre l'accès aux différents îlots, ils seront de grandes fenêtres à la fois en direction et en dehors du bâtiment. Le regard pourra ainsi librement circuler et se laisser surprendre par des perspectives nouvelles.

Statut: Concours en 2018
Maîtrise d'ouvrage: Altarea Cogedim
Architectes: OXO Architectes + Sou Fujimoto Architects, Lalou+Lebec Architectes
Programme: Bureaux, logements, commerces
Surface: 87 000 m²

As part of the Euralille urban project, Metropolitan Square will consist of offices, housing and shops; a suspended tree-lined park; and a hub connecting the surrounding parts of the city.

The new living, working and relaxation spaces will all have a close relationship with nature and the landscape. They will showcase both near and far scales of perception. In this way, the site will become part of Lille's green belt, providing a more fluid connection between the Jardin des Géants, Parc Matisse and Parvis des Nuages. Lille today has a low ratio of green spaces per inhabitant. Metropolitan Square will reverse this trend by offering everyone access to a vast park-belvedere where it will be possible to work, stroll and relax in a green setting. Wide passageways are planned to be created as part of the project. As well as providing access to the various blocks, they will act as large windows both towards and away from the building. This will allow the eye to move freely and be surprised by new perspectives.

Status: Competition in 2018
Location: Lille, France
Client: Altarea Cogedim
Architects: OXO Architectes + Sou Fujimoto Architects, Lalou+Lebec Architectes
Project: Offices, housing, shops
Surface area: 87,000 m²

Perspective du parc suspendu
View of the hanging garden

Perspective du parc suspendu
View of the hanging garden

Perspective de détail / Detail view

72 Schéma de la façade / Façade diagram

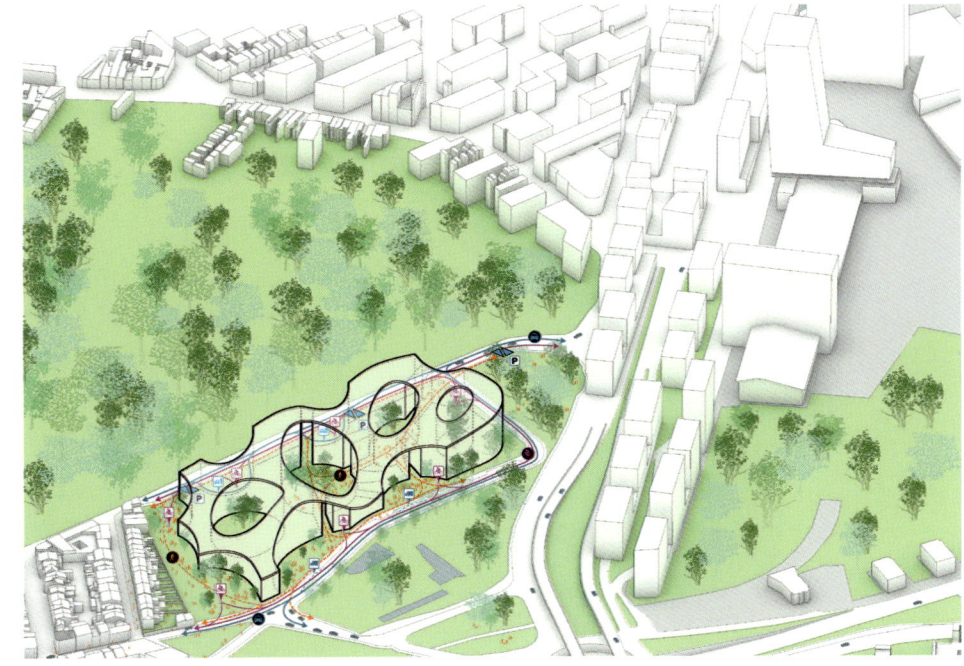

Axonométrie / Axonometry

Axonométrie programmatique / Programmatic axonometry

73

Maquette / Model

**Double-page suivante:
Perspective aérienne**
Following double-page:
Aerial view

ECOTONE ANTIBES

Sophia-Antipolis, Antibes, France

Conçu et imaginé en collaboration avec les Ateliers Jean Nouvel, l'Ecotone Antibes est un projet tout à la fois architectural, artistique, social et environnemental.
Le bâtiment est pensé comme un écosystème biologique et technologique capable de faire corps avec la nature tout en ayant un impact positif sur elle. L'ambition étant de créer un véritable campus écologique. Son épiderme permet à la fois de surélever les plateaux, de l'isoler des nuisances sonores provenant de la route, et d'apporter des solutions techniques innovantes.
Son emplacement privilégié en fera un nouveau point d'entrée à la technopole de Sophia-Antipolis.
Le bâtiment apparaît comme un paysage habité, où l'homme et la nature coexistent harmonieusement. Véritable lien entre la ville et le paysage environnant, l'Ecotone Antibes propose une pluralité fonctionnelle digne des campus les plus performants. Activités tertiaires, hôtellerie et services fusionnent pour créer des plateaux ouverts sur l'extérieur, pouvant se moduler selon les besoins des utilisateurs. La structure du campus se veut fluide et changeante, évoluant selon les besoins et les saisons.

Statut: Concours gagné en 2018
Maîtrise d'ouvrage: Compagnie de Phalsbourg, Codeurs & Cie
Architectes: OXO Architectes, Ateliers Jean Nouvel, Atelier d'architecture Foussat Bapt (AAFB)
Programme: Bureaux, hôtel, salle de sport, restaurant, parking
Surface: 41 187 m²

Conceived and designed in collaboration with Ateliers Jean Nouvel, Ecotone Antibes is an architectural, artistic, social and environmental project.
The building is conceived as a biological and technological ecosystem capable of becoming one with nature while having a positive impact on it. The aim is to create a truly ecological campus.
Its skin allows the platforms to be raised, insulates them from road noise and provides innovative technical solutions.
Its prime location will make it a new entry point to the Sophia-Antipolis technology park.
The building appears as an inhabited landscape, where man and nature coexist harmoniously. A genuine link between the city and the surrounding landscape, Ecotone Antibes offers a range of functions worthy of the most successful campuses. Service activities, hotels and other activities merge to create platforms that are open to the outside world and can be modulated depending on the needs of users. The campus structure is designed to be fluid and changeable, evolving according to needs and seasons.

Status: Competition won in 2018
Location: Sophia-Antipolis, Antibes
Client: Compagnie de Phalsbourg, Codeurs & Cie
Architects: OXO Architectes, Ateliers Jean Nouvel, Atelier d'architecture Foussat Bapt (AAFB)
Project: Offices, hotel, sports hall, restaurant, car park
Surface area: 41,187 m²

Coupe longitudinale / Longitudinal section

Plan masse / Site plan

Perspective générale / General view

Perspective d'ambiance
Architectural visualisation

INTEGRATED

NATURE INTÉGRÉE

LE CRISTAL
Nanterre, France

Vu du ciel, Le Cristal se présente comme un bâtiment dont la structure triangulaire est rythmée par trois émergences sur un même îlot : une tour d'appartements résidentiels de 7 étages, une autre de 9 étages, une dernière de 14 étages, dont la proue transparente spectaculaire capte la lumière du soleil sur toute la hauteur du bâtiment, lui conférant ainsi l'allure d'un bloc de cristal végétalisé. L'ensemble repose sur un socle accueillant divers commerces qui font le lien avec la rue et le quartier environnant. Le Cristal et l'allée de Corse, où il se situe, sont reliés par une série de terrasses verdoyantes en cascade. L'allée est bordée par des cafés et des boutiques offrant un accès direct au forum. Une promenade architecturale fluide relie ainsi l'allée principale et le forum, qui est rapidement devenu l'emblème majeur du projet « Nanterre – Cœur de quartier ».
Le Cristal intègre de manière inédite l'architecture et le paysage des tours et de ses jardins, offrant à Nanterre un ensemble où la nature répond comme un contrepoint positif à l'urbanisation de la ville.

Seen from the air, Le Cristal is a building whose triangular structure consists of three buildings on the same block: a 7-storey residential flat tower, a 9-storey tower and a 14-storey tower, whose spectacular transparent bow catches the sunlight over the entire height of the building, giving it the appearance of a block of planted crystal.
The whole complex rests on a plinth housing a range of shops that provide a link with the street and the surrounding neighbourhood. Le Cristal and the Allée de Corse, where it is located, are linked by a series of cascading green terraces. The avenue is lined with cafés and boutiques offering direct access to the forum. A fluid architectural promenade thus links the main avenue and the forum, which has rapidly become the major emblem of the 'Nanterre – Cœur de quartier' project.
Le Cristal integrates the architecture and landscape of the towers and their gardens in an unprecedented way, offering Nanterre a complex where nature acts as a positive counterpoint to the urbanisation of the city.

Statut : Livré en 2020
Maîtrise d'ouvrage : Bouygues Immobilier
Architectes : OXO Architectes
Surface : 6 900 m²
Budget : 10,5 M€ H.T.
Programme : Logements

Status: Delivered in 2020
Location: Nanterre, France
Client: Bouygues Immobilier
Architects: OXO Architectes
Surface area: 6,900 m²
Budget: €10.5m excluding VAT
Project: Housing

Double-page précédente :
Pixel, Tours, France
Perspective 3D de l'ensemble
Previous double-page:
Pixel, Tours, France
3D view of the complex

Ci-contre :
Vue des loggias
Opposite:
View of the loggias

Détails de la végétalisation / Details of the planting

Perspective générale / General view

88 Axonométrie / Axonometry

Vue depuis le boulevard
des Provinces-Françaises
View from Boulevard
des Provinces-Françaises

Détail de la façade
Façade detail

LE ROCHER

Nanterre, France

Le bâtiment apparaît tel un rocher dont la lumière du jour souligne les anfractuosités et la texture de sa matière. La nature recouvre son sommet et apparaît dans chaque interstice. Ici, la fusion du minéral et du végétal donne aux habitants la sensation de vivre dans un grand rocher.

Ce programme de logements s'articule autour de deux cœurs d'îlots végétalisés, adossés à la voie ferrée. Une barrière «physique» en façade nord protège les habitations des nuisances sonores tout en maintenant une vue dégagée sur le paysage et l'université de Nanterre grâce à deux grandes failles vitrées.

Cent cinquante-sept logements sont agencés comme une superposition de monolithes minéraux en équilibre et en flottaison au bord des rails, portés par un socle de commerces qui en constitue le soubassement.

Cet imposant monolithe blanc fait référence à l'image des blocs issus des carrières de gypse de Cormeilles-en-Parisis, non loin de Nanterre. À l'intérieur se superposent différentes échelles: celle de grands sujets de la forêt de Fontainebleau, d'une nature généreuse, fastueuse; mais aussi celle d'un jardin secret, d'un petit recoin de nature à l'abri des regards.

Statut: Livré en 2020
Maîtrise d'ouvrage: Bouygues Immobilier
Architectes: OXO Architectes
Surface: 10 870 m²
Budget: 15,4 M€ H.T.
Programme: Logements

The building looks like a rock, with daylight highlighting its crevices and the texture of its material. Nature covers the top and appears in every crevice. Here, the fusion of mineral and plant gives residents the sensation of living in a great rock.

This housing scheme is built around two planted inner blocks backing on to the railway line. A 'physical' barrier on the northern façade protects the homes from noise pollution, while maintaining an unobstructed view of the landscape and Nanterre University through two large glazed openings.

One hundred and fifty-seven homes are arranged as a superposition of mineral monoliths balanced and floating on the edge of the tracks, supported by a base of shops. This imposing white monolith is reminiscent of the blocks of gypsum quarried at Cormeilles-en-Parisis, not far from Nanterre. Inside, different scales are superimposed: the great subjects of the forest of Fontainebleau, of a generous, sumptuous nature; and a secret garden, a small corner of nature hidden from view.

Status: Delivered in 2020
Location: Nanterre, France
Client: Bouygues Immobilier
Architects: OXO Architectes
Surface area: 10,870 m²
Budget: €15.4m excluding VAT
Project: Housing

Vue depuis le boulevard des Provinces-Françaises
View from Boulevard des Provinces-Françaises

Détail de la façade / Façade detail

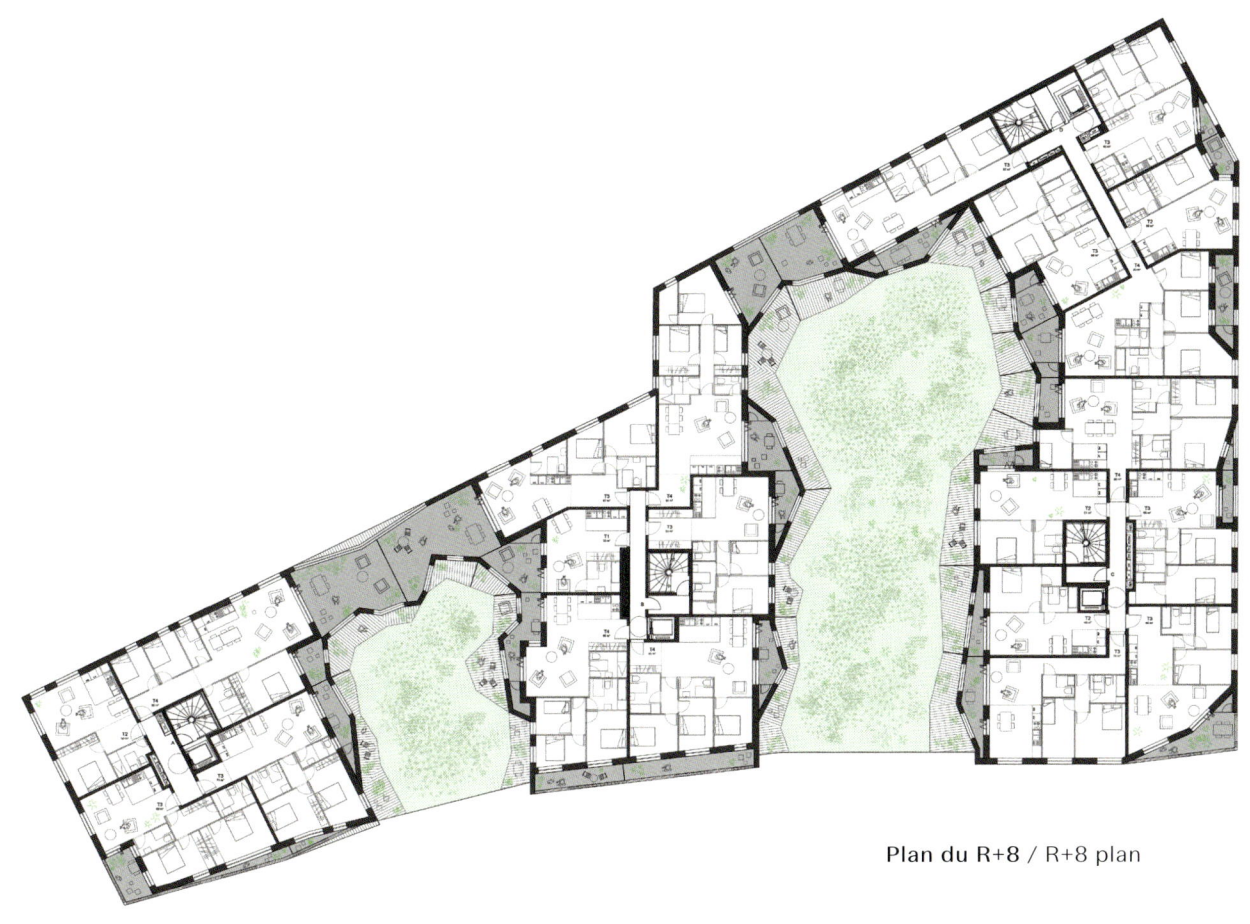

Plan du R+8 / R+8 plan

Vue depuis l'un des cœurs d'îlot / View from one of the inner blocks

Vues de détail à gauche et à droite / Detail views on left and right page

Perspective d'angle
Corner view

PIXEL
Tours, France

Le projet Pixel est situé au cœur du quartier des Deux-Lions à Tours – partie de la ville actuellement en pleine mutation. Il s'agit de créer ici un lieu accessible et convivial, offrant l'accès à de nombreuses activités, et destiné à toutes les générations.

Étendu sur une grande superficie, Pixel se compose de deux bâtiments; le bâtiment principal est rythmé par une séquence de patios et de passages sur différents niveaux; le second bâtiment abrite un espace sportif. Le rez-de-chaussée est occupé par des commerces, des équipements, et par une crèche. Les étages accueillent des logements ainsi qu'une résidence pour personnes âgées.

Les usagers pourront profiter pleinement de la vue et de l'extérieur grâce aux nombreuses terrasses, aux places et aux espaces extérieurs – le tout formant une sorte d'oasis à l'abri de la circulation des rues avoisinantes.

Ce complexe est conçu comme un réel lieu de vie et de destination avec l'idée de réunir les habitants de l'agglomération alentour, entre autres, et d'y associer un équipement sportif, futur lieu d'échanges et de rencontres. Ainsi, Pixel a pour vocation de devenir un attracteur urbain non seulement à l'échelle du quartier, mais aussi à l'échelle de la métropole tourangelle.

The Pixel project is located in the heart of the Deux-Lions district of Tours, a part of the city currently undergoing major change. The aim is to create a place that is accessible and user-friendly, offering access to a wide range of activities for all generations.

Spread over a large area, Pixel comprises two buildings: the main building is punctuated by a sequence of patios and passageways on different levels; the second building houses a sports area. The ground floor is occupied by shops, facilities and a crèche. The upper floors house residential units and a home for the elderly.

Users will be able to take full advantage of the views and the outdoors thanks to the many terraces, squares and outdoor spaces, all forming a kind of oasis sheltered from the traffic of the surrounding streets.

The complex has been designed as a real place in which to live and also as a destination, with the idea of bringing together residents from the surrounding area, among others, and combining it with a sports facility as a future meeting place. In this way, Pixel aims to become an urban magnet, not only for the district itself, but also for the whole of the Touraine metropolitan area.

Statut: Commande directe en 2018
Maîtrise d'ouvrage: Confidentiel
Architectes: OXO Architectes, Parallèle Architecture
Programme: Logements, résidence personnes âgées, équipement et commerces
Surface: 32 000 m²

Status: Direct commission in 2018
Location: Tours, France
Client: Confidential
Architects: OXO Architectes, Parallèle Architecture
Project: Housing, retirement home, amenities and shops
Surface area: 32,000 m²

Perspective du cœur d'îlot / View of the inner block

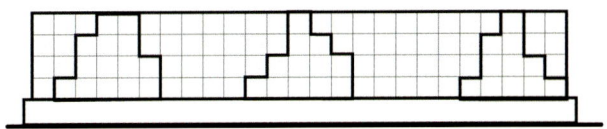

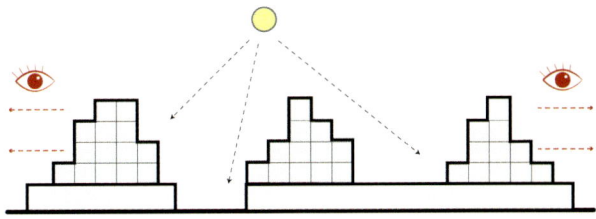

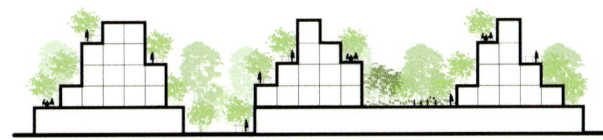

Schémas du concept / Concept drawings

Perspective du cœur d'îlot
View of the inner block

KASKADE
Lille, France

Au sein d'un quartier métropolitain, comment composer un paysage, un territoire fantaisiste, harmonieux et surprenant qui soit aussi un lieu de vie attrayant?
Notre réponse à cette question se présente sous la forme d'un écrin paysager, un espace nommé «Kaskade» qui crée et transforme les usages et permet un dialogue renouvelé entre nature et horizon.
Lille, à la démographie et aux territoires grandissants, se doit d'imaginer de nouveaux ensembles reflétant l'innovation et les usages d'aujourd'hui. Dans ce contexte particulier, la force poétique d'une architecture moderne et ouverte sur notre temps peut devenir un outil et un élément majeur au service du développement, de l'attractivité et du vivre ensemble. Ainsi, notre volonté est de faire de Kaskade un lieu exceptionnel de rencontres, de travail et d'échanges.
Kaskade met en avant la proximité avec la nature comme source de bien-être physique et psychologique au cœur de la ville. Il s'agit ni plus ni moins de constituer un écosystème harmonieux d'acteurs, d'espèces, de services en constante et fructueuse interaction.

Within a metropolitan district, how do you create a landscape, a territory that is whimsical, harmonious and surprising, but that is also an attractive place to live in?
Our answer to this question takes the form of a landscaped setting, a space called 'Kaskade', which creates and transforms uses and enables a renewed dialogue between nature and the horizon.
Lille, with its growing population and territory, needs to come up with new developments that reflect today's innovations and uses. In this particular context, the poetic force of modern architecture that is open to our times can become a tool and a major element in the service of development, attractiveness and living together. Our aim is to make Kaskade an exceptional place in which to meet, work and exchange ideas.
Kaskade promotes proximity to nature as a source of physical and psychological well-being in the heart of the city. It's all about creating a harmonious ecosystem of players, species and services in constant and fruitful interaction.

Statut: Concours en 2020-2021
Maîtrise d'ouvrage: Altarea Cogedim
Architectes: OXO Architectes
Programme: Bureaux, restaurant, commerces, centre de loisirs et d'escalade
Surface: 8 000 m²

Status: Competition in 2020-2021
Location: Lille, France
Client: Altarea Cogedim
Architects: OXO Architectes
Project: Offices, restaurant, shops, leisure and climbing centre
Surface area: 8,000 m²

Perspective depuis le boulevard Émile-Dubuisson
View from Boulevard Émile-Dubuisson

Axonométrie de façade
Façade axonometry

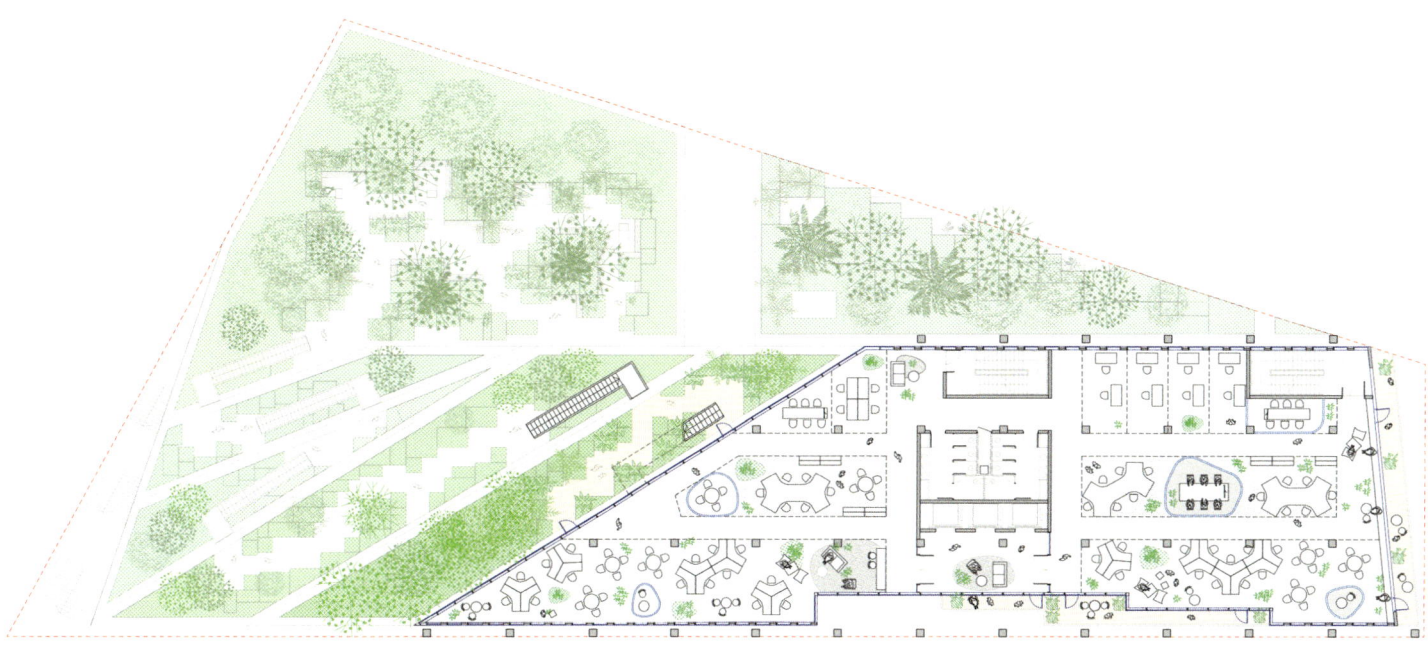

Plan du R+5 / R+5 plan

Coupe / Section

Perspective de l'entrée
View of the entrance

Perspective
depuis la voie de chemin de fer
View from the railway

LYCÉE JEAN MOULIN
Revin, France

Dans un site ample et vallonné, modelé par les méandres de la Meuse, le bâtiment fait corps avec le paysage jusqu'à se fondre en lui. Niché dans cette topographie particulière, l'architecture est tout entière tournée vers la montagne. Plus qu'un simple lycée, ce projet est un véritable campus qui abrite des équipements scolaires, mais aussi des terrains de sport, un gymnase, des logements de fonction ainsi qu'un pôle hôtelier et un internat. Ici, la contrainte liée à la déclivité du terrain devient l'atout majeur du projet et du cadre de vie qu'il offre. Derrière les façades transparentes se déploie un schéma de circulation en pente douce, épousant le relief de la colline. Camouflés sous une couverture, les cheminements verticaux s'accrochent aux rampes dans le corps central et forment une vaste agora imprégnée de la géographie du site. Les différents éléments du programme se développent depuis le niveau le plus bas en se superposant les uns aux autres. Un système de terrassement permet à chaque espace d'être orienté vers la vallée et de profiter d'une vue panoramique sur le site montagneux. À flanc de colline, les toitures ondulantes du lycée se couvrent de végétation, faisant de ce bâtiment un lieu intimement lié à son territoire.

Statut: Livré en 2016
Maîtrise d'ouvrage: Région Champagne-Ardenne
Architectes: OXO Architectes + Duncan Lewis (SCAPE) + Tanguy Vermet + Jean de Giacinto
Programme: Lycée, logements, internat, gymnase
Surface: 15 000 m²
Budget: 27 M€ H.T.

In a broad, undulating site shaped by the meandering Meuse, the building is one with the landscape, blending into it. Nestled in this particular topography, the architecture is entirely turned towards the mountains.
More than just a secondary school, this project is a true campus, housing not only school facilities, but also sports fields, a gymnasium, staff accommodation, a hotel complex and a boarding school.
Here, the constraints of the sloping terrain become the major asset of the project and the living environment it offers. Behind the transparent façades is a gently sloping circulation pattern that follows the contours of the hill. Concealed under a roof, the vertical walkways cling to the ramps in the central body and form a vast agora imbued with the geography of the site. The various elements of the programme develop from the lowest level, one above the other. A system of terraces allows each space to be oriented towards the valley and enjoy a panoramic view of the mountainous site.
On the hillside, the school's undulating roofs are covered in vegetation, making the building a place intimately linked to its surroundings.

Status: Delivered in 2016
Location: Revin, France
Client: Champagne-Ardenne Region
Architects: OXO Architectes + Duncan Lewis (SCAPE) + Tanguy Vermet + Jean de Giacinto
Project: High school, accommodation, boarding school, gymnasium
Surface area: 15,000 m²
Budget: €27m excluding VAT

Plan masse / Site plan

Axonométrie / Axonometry

113

Vue aérienne / Aerial view

Vue extérieure / Exterior view

Vue du gymnase / View of the gymnasium

Vue extérieure / Exterior view

Vue intérieure de l'agora
Interior view of the agora

BÂTIMENT D'ENSEIGNEMENT MUTUALISÉ

Saclay, France

Le concept architectural du bâtiment d'enseignement mutualisé (BEM) de Saclay se définit par la flexibilité, la mixité et l'ouverture. Sa silhouette singulière communique avec l'extérieur en intégrant la nature du parc linéaire voisin. Un large espace intérieur abrite une végétation légère et un jeu de passerelles et d'escaliers qui sont autant d'espaces informels pour permettre aux enseignants, aux étudiants et aux visiteurs de se retrouver ou de travailler avant de rejoindre les salles de cours lumineuses et les amphithéâtres.

On se croise ainsi non plus dans les couloirs, mais dans des lieux de vie situés au cœur d'un espace baigné de lumière et aux vues changeantes. Sa large façade vitrée ouvrira à l'est sur le « green », un vaste espace public couvert de pelouses et partiellement boisé. Vue du dehors, l'architecture se présente comme une structure ouverte dévoilant toute l'activité qui l'anime.

Le bâtiment d'enseignement mutualisé qui s'implante au cœur de la zone d'aménagement concerté de l'École polytechnique est représentatif de l'évolution du campus urbain de Paris-Saclay. Le campus sera desservi par la future ligne 18 du Grand Paris Express et totalisera une programmation de 1,74 million de mètres carrés.

Statut: Livré fin 2023
Maîtrise d'ouvrage: École polytechnique universitaire de l'université Paris-Saclay, EPAURIF (AMO)
Architectes: OXO Architectes, Sou Fujimoto Architects, Nicolas Laisné Architectes, DREAM
Programme: 51 classes, 4 amphithéâtres, salles de projet, visioconférence, bureaux, salle des professeurs, espace cafétéria et convivialité
Surface: 10 000 m²
Budget: 23 M€

The architectural concept of the BEM Saclay building is defined by flexibility, diversity and openness. Its singular silhouette communicates with the outside world by integrating the nature of the neighbouring linear park. A large interior space is home to light vegetation and a set of walkways and staircases that provide informal spaces for teachers, students and visitors to meet up or work before moving on to the bright classrooms and lecture theatres.

As a result, people will no longer meet in corridors, but in living areas located at the heart of a space bathed in light and with changing views. Its wide glass façade will open out to the east onto the 'green', a vast public space covered with lawns and partially wooded. Seen from the outside, the architecture appears as an open structure, revealing all the activity that drives it.

The shared teaching building at the heart of the École polytechnique joint development zone is representative of the development of the Paris-Saclay urban campus. The campus will be served by the future line 18 of the Grand Paris Express and will total 1.74 million square metres.

Status: Handover end 2023
Location: Saclay, France
Client: École polytechnique universitaire de l'université Paris-Saclay, EPAURIF (AMO)
Architects: OXO Architectes, Sou Fujimoto Architects, Nicolas Laisné Architectes, DREAM
Project: 51 classrooms, 4 lecture theatres, project rooms, videoconferencing, offices, staff room, cafeteria and social area
Surface area: 10,000 m²
Budget: €23m

Vue de détail
Detail view

Vue d'intérieur
Interior view

Vue d'intérieur
Interior view

Vue d'intérieur
Interior view

Vue d'intérieur / Interior view

Vue d'intérieur / Interior view

Vue générale
General view

SHARED

NATURE PARTAGÉE

ART'CHIPEL
Marseille, France

Le 44 rue Callelongue, en plein cœur du 8e arrondissement de Marseille, est une oasis naturelle avec un patrimoine végétal très riche au sein d'un territoire habité.

Le projet Art'chipel se définit par la recherche d'un équilibre entre l'humain et la nature, qui seul permet la construction d'une ville véritablement durable. Art'chipel est conçu pour s'inscrire harmonieusement et de façon pérenne dans la trame urbaine du quartier en respectant la biodiversité existante. Inspiré par les réflexions de Le Corbusier au sujet du «plan libre», Art'chipel est aussi résolument tourné vers l'avenir, il propose des solutions innovantes en vue du développement du mieux vivre individuel et collectif.

L'ensemble des appartements est construit à partir des mêmes principes: la flexibilité, la lumière naturelle et les espaces extérieurs. La nature et son reflet à la surface des bâtiments se confondent, produisant une illusion qui protège l'intimité de chacune et chacun. Cela permet aussi de créer un lien entre le privé et le commun, entre des espaces d'intimité et des lieux d'échange et de partage.

Les différentes typologies d'espaces ont été pensées afin de favoriser la relation avec la nature en maximisant les ouvertures en façade. Chaque logement se singularise par sa position et sa relation avec la nature et avec l'horizon. Tout est conçu pour profiter de l'ombre et de la fraîcheur durant l'été, de la douceur du soleil pendant l'hiver comme de la lumière en toutes saisons. La conception morphologique du projet et son implantation savante ont permis de créer des appartements avec un rafraîchissement naturel. L'ensemble des systèmes *low-tech* mis en place contribue à rendre ce projet exemplaire, tourné vers une écologie territoriale du Sud.

Statut: 1re phase livrée en 2021 – livraison finale en 2024
Maîtrise d'ouvrage: Nexity Apollonia
Architectes: OXO Architectes
Programme: Logements
Surface: 22600 m²
Budget: 42 M€

44 rue Callelongue, right in the heart of Marseille's 8th arrondissement, is a natural oasis with a rich plant heritage in a densely populated area.

The Art'chipel project is defined by the search for a balance between people and nature, which is the only way to build a truly sustainable city. Art'chipel is designed to fit harmoniously and sustainably into the neighbourhood's urban fabric, while respecting existing biodiversity. Inspired by Le Corbusier's thoughts on the 'free plan', Art'chipel is also resolutely forward-looking, proposing innovative solutions for the development of better individual and collective living.

All the apartments are built around the same principles: flexibility, natural light and outdoor spaces. Nature and its reflection on the surface of the buildings merge, producing an illusion that protects the privacy of each individual. It also creates a link between the private and the communal, between spaces of intimacy and places for exchange and sharing.

The different types of space have been designed to encourage a relationship with nature by maximising the openings in the façade. Each home is unique in its position and its relationship with nature and the horizon. Everything is designed to take advantage of shade and coolness in summer, the warmth of the sun in winter, and light in all seasons. The morphological design of the project and its skilful layout have made it possible to create flats with natural cooling. All the *low-tech* systems put in place help to make this an exemplary project, geared towards a territorial ecology of the South.

Status: 1st phase delivered in 2021; final delivery in 2024
Location: Marseille, France
Client: Nexity Apollonia
Architects: OXO Architectes
Project: Housing
Surface area: 22,600 m²
Budget: €42m

Double-page précédente:
L'Arbre blanc, Montpellier, France
Perspective générale
Previous double-page:
L'Arbre blanc, Montpellier, France
General view

Axonométrie / Axonometry

Vue aérienne / Aerial view

Perspective d'ambiance
Architectural visualisation

Vue générale / General view

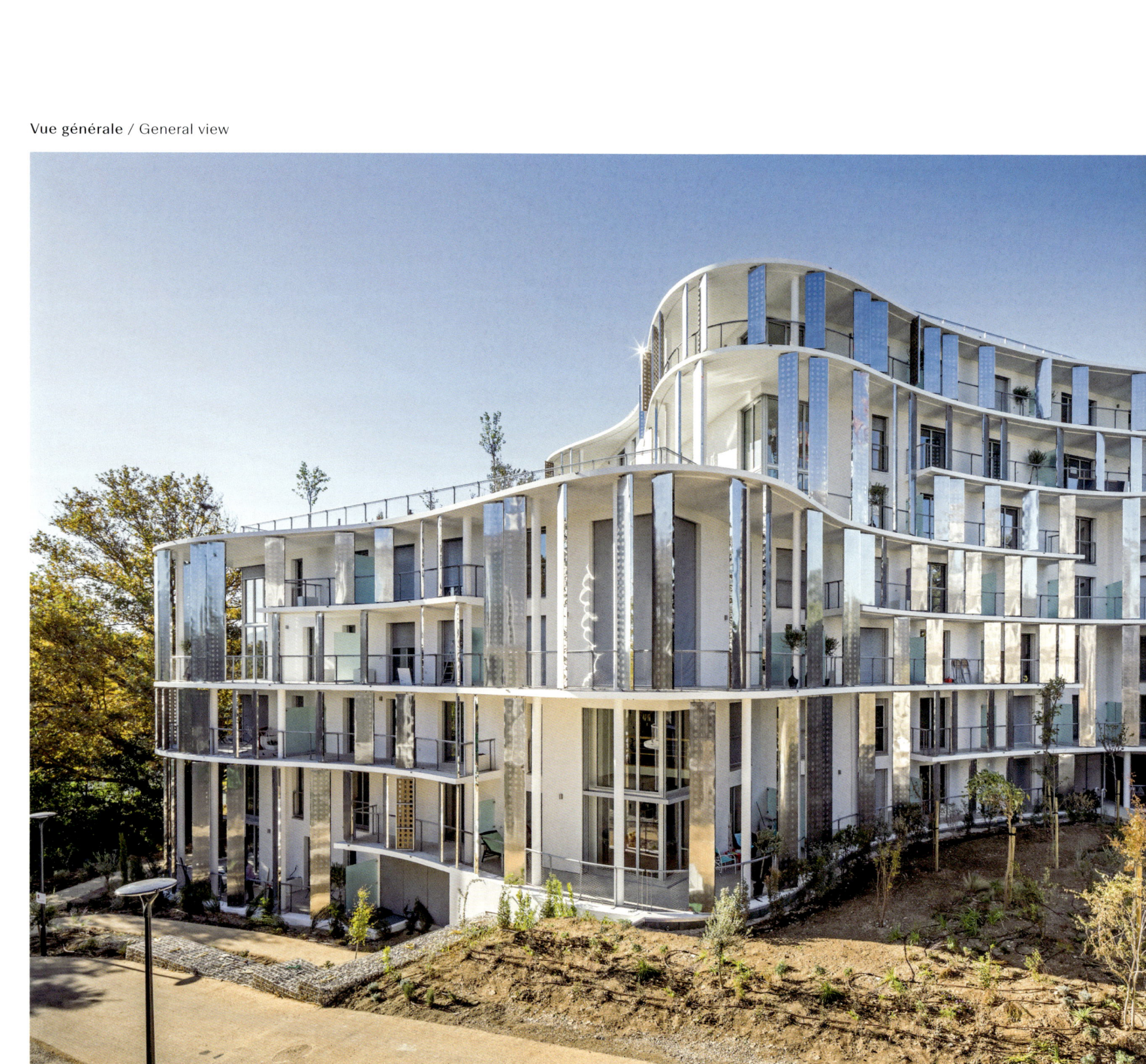

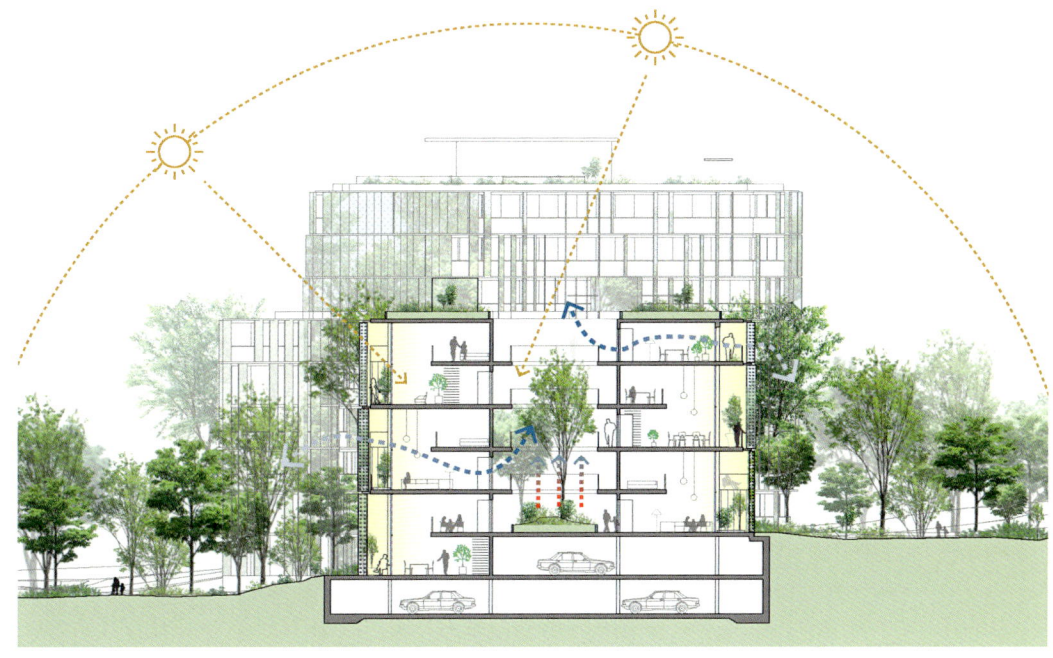

Coupe de principe / Representative cross-section

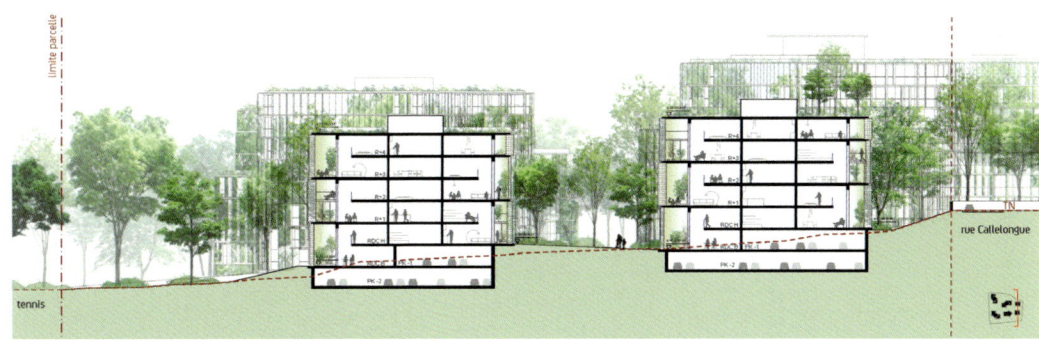

Coupe transversale / Cross-section

Perspective aérienne
Aerial view

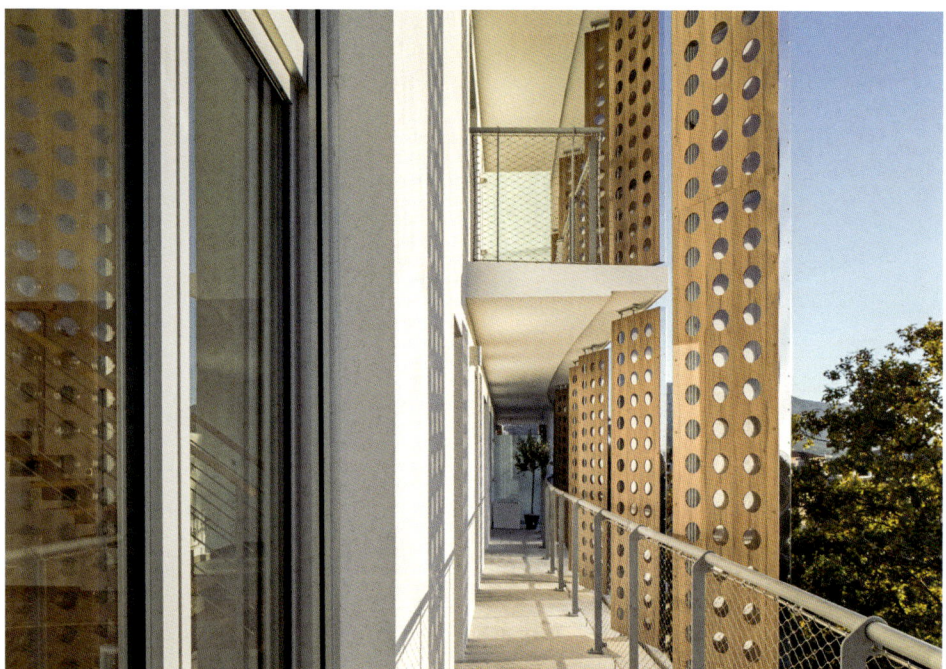

Détail depuis l'extérieur / Detail from the exterior

Détail de façade / Façade detail

Plan du bâtiment 1 / Plan of building 1

PONT DE CALABRE
Italie / Italy

Le projet du pont de Calabre s'inscrit au cœur d'une région tempérée et agricole où l'on cultive notamment la bergamote. C'est aussi une zone volcanique recélant un fort potentiel énergétique.
La transformation d'un pont existant permet au projet de s'intégrer dans le paysage avec un impact limité. Cette «archéologie contemporaine» (un pont sur un pont) résulte d'un processus de contamination entre l'architecture qui descend le long des piles jusqu'au sol et la nature qui prolifère et monte jusqu'à son sommet. Les caractéristiques géologiques, géographiques et climatiques du site ont inspiré ces villages verticaux rassemblant en un même lieu des logements, des commerces, des lieux de détente et de culture, mais aussi des équipements médicaux. Le site est relié à la mer par des sentiers et aux villes alentour par des autoroutes. L'ensemble architectural est autonome en ce qui concerne l'approvisionnement en eau et les principales ressources d'énergie grâce à l'eau de pluie et à l'énergie géothermique. Le gaz domestique est produit à partir de la méthanisation des déchets organiques. Ainsi, la combinaison entre l'infrastructure et l'environnement est suffisamment efficace pour établir une qualité de vie élevée et éco-responsable. Le projet réside dans le recyclage urbain d'une infrastructure existante à travers des tours inversées accessibles par le toit et connectées au paysage. Des structures horizontales autour des piles du pont accueillent le programme de logements. Les tabliers sont épaissis afin d'y intégrer le passage des flux techniques et d'y aménager des espaces publics. À tous les niveaux, la vue est dégagée et permet de bénéficier d'un panorama exceptionnel.

Statut: Lauréat du concours d'idées en 2010
Maîtrise d'ouvrage: Regione Calabria
Architectes: OXO Architectes + Tanguy Vermet + Philippe Rizzotti + Samuel Nageotte
Surface: 15 600 m² / 10 km de longueur
Programme: Logements, commerces, centre d'art, centre d'accueil et bureau

The Calabria Bridge project is located in the heart of a temperate, agricultural region where bergamot, in particular, is grown. It is also a volcanic area with great energy potential.
By transforming an existing bridge, the project blends into the landscape with limited impact.
This 'contemporary archaeology' (a bridge on a bridge) is the result of a process of contamination between architecture, which descends along the pillars to the ground, and nature, which proliferates and rises to the top. The site's geological, geographical and climatic features have inspired these vertical villages, which bring together housing, shops, leisure and cultural facilities, as well as medical facilities. The site is linked to the sea by footpaths and to the surrounding towns by roads. The architectural complex is self-sufficient in terms of water supply and its main energy resources are rainwater and geothermal energy. Domestic gas is produced from the methanisation of organic waste. In this way, the combination of infrastructure and environment is sufficiently effective to establish a high, eco-responsible quality of life. The project involves the urban recycling of an existing infrastructure through inverted towers accessible from the roof and connected to the landscape. Horizontal structures around the bridge pillars accommodate the housing programme. The decks have been thickened to accommodate technical traffic flows and public spaces. At every level, the view is unobstructed, providing an exceptional panorama.

Status: Winner of the 2010 ideas competition
Location: Calabria, Italy
Client: Regione Calabria
Architects: OXO Architectes + Tanguy Vermet + Philippe Rizzotti + Samuel Nageotte
Surface area: 15,600 m² / 10 km long
Project: Housing, shops, art centre, visitor centre and offices

Axonométrie / Axonometry

Perspective extérieure / Exterior view

Perspective générale / General view

Perspective générale
General view

Perspective générale
General view

L'ARBRE BLANC

Montpellier, France

L'Arbre blanc est une «folie», le fruit d'une rencontre entre le Japon et la Méditerranée. Symbole vivant du Montpellier contemporain, cette hybridation des cultures est aussi un croisement entre deux générations d'architectes: une génération au sommet de son art avec le Japonais Sou Fujimoto; et une jeune génération française incarnée par Manal Rachdi (OXO Architectes), Nicolas Laisné Architectes, et Dimitri Roussel (DREAM). L'«Arbre blanc» est le nom d'une nouvelle tour réunissant en son sein des logements, un restaurant, une galerie d'art, des bureaux, un café panoramique et un parking. L'Arbre blanc exprime un attachement tout particulier aux qualités du «vivre dehors» à Montpellier, qui a inspiré et guidé les architectes dès les prémices du projet. La tour, située à l'intersection de plusieurs flux, occupe une position stratégique pour la ville: le Lez, la voie rapide, la promenade piétonne et cyclable sur les berges de « l'octroi de Montpellier ».
La forme de l'Arbre blanc, incurvée comme une paire d'ailes épousant le cours de la rivière, semble dessinée et sculptée au fil du temps par l'eau et le vent, tel un arbre à l'ombre bienfaisante dont la croissance s'adapte à l'environnement.

Ainsi, l'Arbre blanc n'a rien d'une tour d'ivoire. Le bâtiment se veut avant tout une tour publique accessible à tous les Montpelliérains. Les extrémités du bâtiment s'ouvrent (rez-de-chaussée et sommet, respectivement investis par un restaurant-galerie d'art et par un bar ouvrant sur un jardin panoramique) à l'ensemble des citoyens et des visiteurs de la métropole.
À son sommet, l'Arbre blanc offre un espace partagé permettant à tous les copropriétaires de se retrouver et de profiter ensemble du panorama.

Statut: Livré en 2019
Maîtrise d'ouvrage: Promeo Patrimoine, Evolis Promotion, Opalia, Crédit Agricole Languedoc Immobilier
Architectes: OXO Architectes + Nicolas Laisné Architectes + DREAM + Sou Fujimoto Architects
Programme: Logements, restaurant, bar panoramique, galerie d'art, bureaux, parking
Surface: 11 900 m²
Hauteur: 56 mètres
Budget: 22 M€

L'Arbre blanc is a 'folie', the fruit of a meeting between Japan and the Mediterranean. A living symbol of contemporary Montpellier, this hybridisation of cultures is also a crossroads between two generations of architects: a generation at the peak of its art with the Japanese Sou Fujimoto; and a young French generation embodied by Manal Rachdi (OXO Architectes), Nicolas Laisné Architectes, and Dimitri Roussel (DREAM).
'L'Arbre blanc' is the name of a new tower housing residential accommodation, a restaurant, an art gallery, offices, a panoramic café and a car park. The Arbre blanc expresses a particular attachment to the qualities of 'outdoor living' in Montpellier, which inspired and guided the architects of the project from the outset. The tower, located at the intersection of several flows, occupies a strategic position for the city: the Lez, the expressway, and the pedestrian and cycle promenade on the banks of the 'octroi de Montpellier'.
The shape of the Arbre blanc, curved like a pair of wings following the course of the river, seems to have been drawn and sculpted over time by the water and wind, like a tree with beneficial shade whose growth adapts to the environment.
The Arbre blanc is not an ivory tower. The building is first and foremost a public tower accessible to all Montpellier residents. The ends of the building are open (ground floor and top, respectively occupied by a restaurant-art gallery and a bar opening onto a panoramic garden) to all citizens and visitors to the city.
At its summit, the Arbre blanc provides a shared space where all the co-owners can get together and enjoy the view.

Status: Delivered in 2019
Location: Montpellier, France
Client: Promeo Patrimoine, Evolis Promotion, Opalia, Crédit Agricole Languedoc Immobilier
Architects: OXO Architectes + Nicolas Laisné Architectes + DREAM + Sou Fujimoto Architects
Project: Housing, restaurant, panoramic bar, art gallery, offices, car park
Surface area: 11,900 m²
Height: 56 metres
Budget: €22m

Vue des balcons
View of the balconies

Vue depuis le Lez
View from le Lez

Axonométrie des balcons / Balcony axonometry

Axonométrie / Axonometry

Vue des balcons / View of the balconies

Vue depuis le Lez
View from le Lez

Vue aérienne / Aerial view

Action urbaine, 2002

Sculpture urbaine en mouvement, 2004

2002

ACTION URBAINE
Nantes, France

Statut/Status: Action urbaine/
Urban action
Maîtrise d'ouvrage/Client:
Association LePli
Architectes/Architects: Manal Rachdi
Programme/Project: Espace urbain
végétalisé/Overgrown urban space
Surface/Surface area: 200 m²

2003

MINI MAOUSSE

Statut/Status: Concours (mention spéciale)/
Competition (Special mention)
Maîtrise d'ouvrage/Client:
Cité de l'architecture & du patrimoine,
grands ateliers de L'Isle-d'Abeau
Architectes/Architects: Manal Rachdi,
Tanguy Vermet
Programme/Project: Micro-architecture/
Micro-architecture
Surface/Surface area: 1 m²

2004

SCULPTURE URBAINE
EN MOUVEMENT
Kenitra, Maroc/Morocco

Statut/Status: Étude urbaine et
installation/Urban study and installation
Architectes/Architects: Manal Rachdi
Programme/Project: Installation artistique
en carton/Art installation made of
cardboard
Longueur/Length: 9 km

2005

GIANT CAUSEWAY
Antrim, Irlande/Ireland

Statut/Status: Concours, lauréat du 2ᵉ Prix/
Competition – Winner of the 2nd Prize
Maîtrise d'ouvrage/Client: The National
Trust of Ireland
Architectes/Architects: Manal Rachdi,
Jennifer Carré, Vincent Feld
Programme/Project: Musée/Museum
Surface/Surface area: 2 000 m²

2006

TRIBUNAL DE GRANDE
INSTANCE DE PARIS
Paris, France

Statut/Status: Concours d'idées
international (mention)/International
ideas competition (mention)
Maîtrise d'ouvrage/Client: Établissement
public du palais de justice de Paris,
Mairie de Paris
Architectes/Architects: Manal Rachdi,
Tanguy Vermet
Maîtrise d'œuvre/Project management:
Landfabrik
Programme/Project: Établissement
recevant du public/Establishment open
to the public
Surface/Surface area: 215 000 m²

Tribunal de Paris, 2006

2007

MUSÉE DE LA PRÉHISTOIRE
Les Eyzies-de-Tayac-Sireuil, France

Statut/Status: Concours/Competition
Maîtrise d'ouvrage/Client: Conseil
général de la Dordogne
Architectes/Architects: Manal Rachdi,
Jean de Giacinto, Duncan Lewis (SCAPE),
Tanguy Vermet
Programme/Project: Équipement
culturel/Cultural amenities
Surface/Surface area: 3 500 m²

Double-page précédente:
«Cadavre Exquis»
Rétrospective des quinze
dernières années de travail
d'OXO. Exposition à l'ENSAB
de Rennes (2019), vue de détail
d'une maquette
Previous double-page:
"Cadavre Exquis"
Retrospective of the last 15 years
of OXO's work. Exhibition
at ENSAB de Rennes (2019),
detail view of a model

Résidence universitaire, 2007

RÉSIDENCE UNIVERSITAIRE
Talence, France

Statut/Status: Concours/Competition
Maîtrise d'ouvrage/Client: Société HLM Coligny
Architectes/Architects: Manal Rachdi, Duncan Lewis (SCAPE), Tanguy Vermet
Maîtrise d'œuvre/Project manager: BETRI, BE Vivien, Cabinet Lionel Dubernard, Viam Acoustique
Programme/Project: Logements/Accommodation
Surface/Surface area: 7 650 m²

2008

LYCÉE JEAN MOULIN
Revin, France

Statut/Status: Lauréat du concours/Winner of the competition
Maîtrise d'ouvrage/Client: Région Champagne-Ardenne
Architectes/Architects: OXO Architectes, Duncan Lewis (SCAPE), Tanguy Vermet, Jean de Giacinto
Maîtrise d'œuvre/Project manager: Iosis Grand Est, Elioth, BASE, Echologos
Programme/Project: Lycée, logements, internat, gymnase/High school, accommodation, boarding school, gymnasium
Surface/Surface area: 15 000 m²

COLLÈGE YVES DU MANOIR
Floirac, France

Statut/Status: Concours/Competition
Maîtrise d'ouvrage/Client: Conseil général de Gironde
Architectes/Architects: OXO Architectes, Duncan Lewis (SCAPE), Tanguy Vermet
Maîtrise d'œuvre/Project manager: Laurent Fagart, Laure Reygner, ICETAB, Nobatek, Viam Acoustique
Programme/Project: Collège/School
Surface/Surface area: 5 720 m²

2009

LIAISON DES CONTINENTS DU DÉTROIT DE BERING
Sibérie-Alaska/Siberia-Alaska

Statut/Status: Concours d'idées international – Lauréat du 2ᵉ Prix/International ideas competition – Winner of the 2nd Prize
Maîtrise d'ouvrage/Client: FPU, organisé par/organised by UIA
Architectes/Architects: Manal Rachdi, Tanguy Vermet
Programme/Project: Équipement/Amenities
Surface/Surface area: 70 m × 89 km

Liaison des continents du détroit de Bering, 2009

AMÉNAGEMENT DU PARCOURS DU CARROUSEL DU LOUVRE
Paris, France

Statut/Status: Commande directe/Direct commission
Maîtrise d'ouvrage/Client: Unibail-Rodamco-Westfield
Architectes/Architects: OXO Architectes
Maîtrise d'œuvre/Project manager: Moving Design, Lumière Studio
Programme/Project: Embellissement de la galerie marchande/Beautification of the shopping arcade

MAISON CAMOUFLAGE

Architectes/Architects: OXO Architectes
Programme/Project: Maison individuelle/House
Surface/Surface area: 300 m²

2010

PONT DE CALABRE
Italie/Italy

Statut/Status: Projet lauréat d'un concours d'idées/Winner of an ideas competition
Maîtrise d'ouvrage/Client: Regione Calabria
Architectes/Architects: OXO Architectes, Tanguy Vermet, Philippe Rizzotti, Samuel Nageotte
Programme/Project: Logements, commerces, centre d'art, centre d'accueil et bureau/ Housing, shops, art centre, visitor centre and offices
Surface/Surface area: 15 600 m²

TAICHUNG TOWER
Taichung, Taïwan/Taiwan

Statut/Status: Concours d'idées international/International ideas competition
Maîtrise d'ouvrage/Client: Taichung City Development
Architectes/Architects: OXO Architectes, Philippe Rizzotti, Samuel Nageotte
Programme/Project: Tour d'observatoire et musée/Observatory tower and museum
Surface/Surface area: 10 000 m²
Hauteur/Height: 350 m

Taichung Tower, 2010

CENTRE CULTUREL PAUL-ÉLUARD
Cugnaux, France

Statut/Status: Lauréat du concours/Winner of the competition
Maîtrise d'ouvrage/Client: Mairie de Cugnaux
Architectes/Architects: OXO Architectes, Duncan Lewis (SCAPE), Tanguy Vermet
Maîtrise d'œuvre/Project manager: dUCKS Scéno, Iosis Midi-Pyrénées, Viam acoustique
Programme/Project: Centre culturel/Cultural centre
Surface/Surface area: 4 500 m²

Centre culturel Paul-Éluard, 2011

LOGEMENTS SOCIAUX
Kwaadmechelen, Belgique/Belgium

Statut/Status: Concours international/International competition
Maîtrise d'ouvrage/Client: VAM Société flamande de logements
Architectes/Architects: OXO Architectes, Tanguy Vermet, Rachid Hadad
Programme/Project: Logements/Housing
Surface/Surface area: 3 000 m²

2011

RÉAMÉNAGEMENT DE LA RUE NEUVE
Bruxelles, Belgique/Brussels, Belgium

Statut/Status: Concours d'idées (mention)/Ideas competition (mention)
Maîtrise d'ouvrage/Client: Commune de Bruxelles
Architectes/Architects: OXO Architectes, Tanguy Vermet, Rachid Hadad
Maîtrise d'œuvre/Project manager: Pascal Haudressy (artiste/artist)
Programme/Project: Programme mixte/Mixed-use
Surface/Surface area: 34 000 m²

PARIS PARC
Paris, France

Statut/Status: Lauréat du concours/Winner of the competition
Maîtrise d'ouvrage/Client: Sorbonne Université
Architectes/Architects: OXO Architectes, BIG
Maîtrise d'œuvre/Project manager: BIG E, SPAN, IGREC Ingénierie, Franck Boutté Consultants, Bureau Michel Forgue
Programme/Project: Campus universitaire/University campus
Surface/Surface area: 15 700 m²

Réaménagement de la rue Neuve, 2011

HÔTEL LES CARRETTES
Valloire, France

Statut/Status: Commande directe/Direct commission
Maîtrise d'ouvrage/Client: RollUpp Capital
Architectes/Architects: OXO Architectes, Tanguy Vermet
Maîtrise d'œuvre/Project manager: SOCOTEC
Programme/Project: Hôtel 4*/4-star hotel
Surface/Surface area: 3 400 m²

LOGEMENT TADLA
Tadla, Maroc/Morocco

Statut/Status: Commande directe/Direct commission
Maîtrise d'ouvrage/Client: Madame Raffali
Architectes/Architects: OXO Architectes
Programme/Project: Logements et commerces/Housing and shops
Surface/Surface area: 1 200 m²

Logement Tadla, 2011

2012

HELSINKI CENTRAL LIBRARY
Helsinki, Finlande/Finland

Statut/Status: Concours international/International competition
Maîtrise d'ouvrage/Client: Ville d'Helsinki
Architectes/Architects: OXO Architectes, Tanguy Vermet
Maîtrise d'œuvre/Project manager: Ramboll
Programme/Project: Établissement culturel recevant du public/Cultural establishment open to the public
Surface/Surface area: 10 500 m²

Helsinki Central Library, 2012

PAVILLON D'EXPOSITION RENAULT Z.E.
Boulogne-Billancourt, France

Statut/Status: Lauréat du concours/Winner of the competition
Maîtrise d'ouvrage/Client: Renault
Architectes/Architects: OXO Architectes, Tanguy Vermet
Maîtrise d'œuvre/Project manager: VPEAS
Programme/Project: Établissement recevant du public/Establishment open to the public
Surface/Surface area: 1 000 m²

2013

BEM-BÂTIMENT D'ENSEIGNEMENT MUTUALISÉ
École polytechnique Paris-Saclay, France

Statut/Status: Livré fin 2023/Handover end 2023
Maîtrise d'ouvrage/Client: École polytechnique universitaire de l'université Paris-Saclay, EPAURIF (AMO)
Architectes/Architects: OXO Architectes, Sou Fujimoto Architects, Nicolas Laisné Architectes, DREAM
Maîtrise d'œuvre/Project manager: Egis, Franck Boutté Consultants, Lamoureux Acoustics, Les Éclaireurs
Programme/Project: 51 classes, 4 amphithéâtres, salles de projet, visioconférence, bureaux, salle des professeurs, espace cafétéria et convivialité/51 classrooms, 4 lecture theatres, project rooms, videoconferencing, offices, staffroom/cafeteria and social area
Surface/Surface area: 10 000 m²

MISE EN SCÈNE DES NOCES DE FIGARO AU WALT DISNEY CONCERT HALL
Los Angeles, États-Unis/United States

Statut/Status: Commande directe/Direct commission
Maîtrise d'ouvrage/Client: L.A. Philarmonic
Architectes/Architects: Ateliers Jean Nouvel, Manal Rachdi
Maîtrise d'œuvre/Project manager: Azzedine Alaïa (costumes), Gustavo Dudamel (chef d'orchestre/conductor), Christopher Alden (metteur en scène/director)
Programme/Project: Scénographie/Set design
Surface/Surface area: 500 m²

Mise en scène des Noces de Figaro, 2013

CENTRE CULTUREL TAICHUNG
Taichung, Taïwan/Taiwan

Statut/Status: Concours international/International competition
Maîtrise d'ouvrage/Client: Ville de Taichung
Architectes/Architects: OXO Architectes, Nicolas Laisné Architectes
Maîtrise d'œuvre/Project manager: Ramboll
Programme/Project: Centre culturel/Cultural centre
Surface/Surface area: 65 000 m²

HOTEL HIRSCHEN, OBERKIRCH
Suisse/Switzerland

Statut/Status: Lauréat du concours/Winner of the competition
Maîtrise d'ouvrage/Client: Hotel Hirschen
Architectes/Architects: OXO Architectes, Stephen Zopp, Tanguy Vermet
Programme/Project: Hôtel 4*/4-star hotel
Surface/Surface area: 2 350 m²

Hotel Hirschen, 2013

Pavillon d'exposition Renault Z.E., 2012

2014

STATIONS FANTÔMES
Paris, France

Statut/Status: Proposition de concept pour six stations de métro désaffectées/Concept proposal for six disused metro stations
Architectes/Architects: OXO Architectes
Programme/Project: Infrastructures et équipements/Infrastructure and amenities

Stations fantômes, 2014

CITY SAND
Sahara, Maroc/Morocco

Statut/Status: Concept/Concept
Architectes/Architects: OXO Architectes
Programme/Project: Programme mixte/Mixed-use
Surface/Surface area: 780 000 m²

City Sand, 2014

2015

L'ARBRE BLANC
Montpellier, France

Statut/Status: Lauréat du concours/Winner of the competition
Maîtrise d'ouvrage/Client: Promeo Patrimoine, Opalia, Evolis Promotion, Crédit Agricole Languedoc Immobilier
Architectes/Architects: OXO Architectes Sou Fujimoto Architects, Nicolas Laisné Architectes, DREAM
Maîtrise d'œuvre/Project manager: André Verdier, Franck Boutté Consultants, Argetec, Relief GE, Pialot Escande, Now Here Studio, Les Éclaireurs, VPEAS
Programme/Project: Logements, restaurant, bar panoramique, galerie d'art, bureaux et parking/Housing, restaurant, panoramic bar, art gallery, offices and car park
Surface/Surface area: 11 900 m²

LE CRISTAL
Nanterre, France

Statut/Status: Lauréat du concours/Winner of the competition
Maîtrise d'ouvrage/Client: Bouygues Immobilier
Architectes/Architects: OXO Architectes, François Leclercq (pour les commerces et parking/for the shops and car park)
Maîtrise d'œuvre/Project manager: Bérim, POUGET Consultants, Agence Babylone, VPEAS, Acoustique & Conseil, P.CE TECH
Programme/Project: Logements et services/Housing and services
Surface/Surface area: 6 900 m²

LE ROCHER
Nanterre, France

Statut/Status: Lauréat du concours/Winner of the competition
Maîtrise d'ouvrage/Client: Bouygues Immobilier
Architectes/Architects: OXO Architectes, François Leclercq (pour les commerces et parking/for the shops and car park)
Maîtrise d'œuvre/Project manager: Bérim, POUGET Consultants, Agence Babylone, VPEAS, Acoustique & Conseil, P.CE TECH
Programme/Project: Logements et services / Housing and services
Surface/Surface area: 10 870 m²

LE CAP
Paris La Défense, France

Statut/Status: Étude/Study
Maîtrise d'ouvrage/Client: Bouygues Immobilier
Architectes/Architects: OXO Architectes
Programme/Project: Programme mixte/mixed-use
Surface/Surface area: 45 000 m²

LA FERME DE L'OURCQ
Paris, France

Statut/Status: Concours/Competition
Maîtrise d'ouvrage/Client: Clink Hostels
Architectes/Architects: OXO Architectes
Programme/Project: Auberge de jeunesse/Youth hostel
Surface/Surface area: 3 500 m²

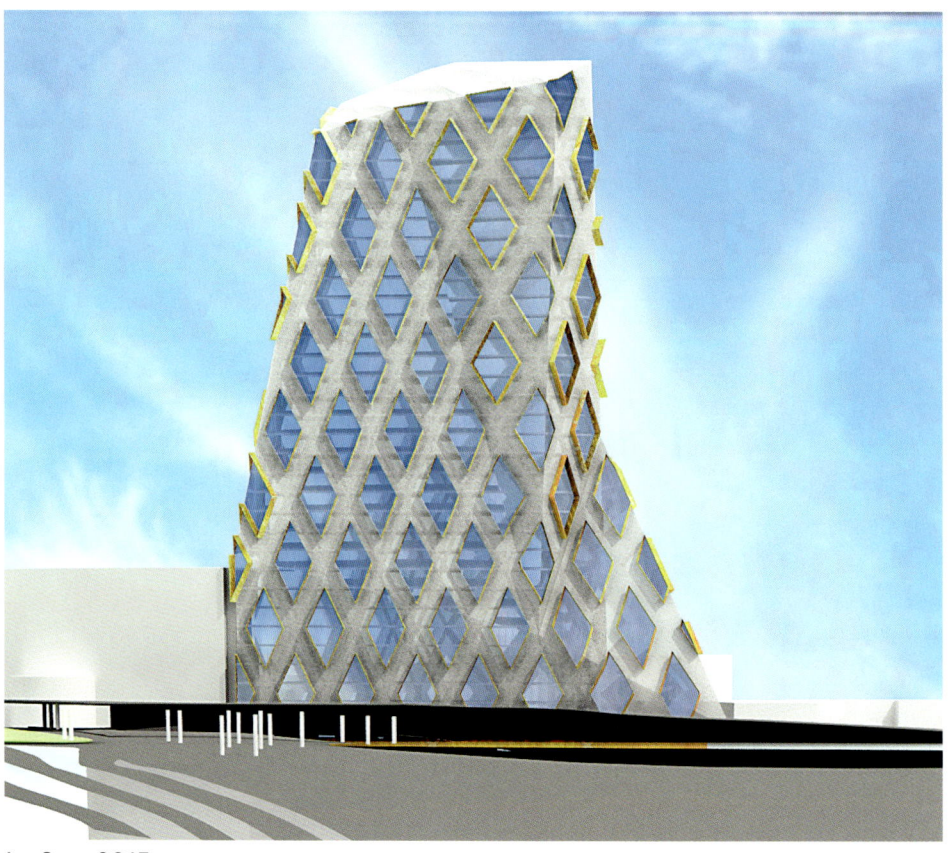

Le Cap, 2015

2016

MILLE ARBRES
Paris, France

Statut/Status: **Lauréat du concours/ Winner of the competition**
Maîtrise d'ouvrage/Client: **Compagnie de Phalsbourg, OGIC**
Architectes/Architects: **OXO Architectes, Sou Fujimoto Architects**
Maîtrise d'œuvre/Project manager: **Bouygues Construction, Arcadis, Bollinger+Grohmann, Franck Boutté Consultants, MOZ Paysage, Atelier Paul Arène, Barbanel, Lamoureux Acoustics, LEA, Bureau Michel Forgue**
Programme/Project: **Bureaux, logements, hôtel, pôle enfance, gare routière, commerces, bistrot gastronomique/ Offices, housing, hotel, children's centre, bus station, shops and gourmet bistro**
Surface/Surface area: **56 000 m²**

LE CŒUR VERT
Asnières-sur-Seine, France

Statut/Status: **Concours/Competition**
Maîtrise d'ouvrage/Client: **Compagnie de Phalsbourg**
Architectes/Architects: **OXO Architectes**
Programme/Project: **Logements et services/Housing and services**
Surface/Surface area: **21 684 m²**

WELLCOME
Paris, France

Statut/Status: **Concours/Competition**
Maîtrise d'ouvrage/Client: **Bouygues Immobilier**
Architectes/Architects: **OXO Architectes**
Maîtrise d'œuvre/Project manager: **SFICA, BTP Consultants**
Programme/Project: **Bureaux/Offices**
Surface/Surface area: **8 920 m²**

PARIS XIII
Paris, France

Statut/Status: **Concours/Competition**
Maîtrise d'ouvrage/Client: **Paris Habitat, ICF Novedis**
Architectes/Architects: **OXO Architectes, Nicolas Laisné Architectes, Sou Fujimoto Architects**
Maîtrise d'œuvre/Project manager: **Franck Boutté Consultants, Egis, Jorand Briand**
Programme/Project: **Logements/Housing**
Surface/Surface area: **14 220 m²**

Jardins flottants, 2017

GARE DE BONDY
Paris, France

Statut/Status: **Concours/Competition**
Maîtrise d'ouvrage/Client: **Paris Habitat, ICF Novedis**
Architectes/Architects: **OXO Architectes, Sou Fujimoto Architects**
Maîtrise d'œuvre/Project manager: **MOZ Paysage, Egis, Les Éclaireurs, Olivier Boissière**
Programme/Project: **Équipement/ Amenities**
Surface/Surface area: **8 000 m²**

Gare de Bondy, 2016

2017

JARDINS FLOTTANTS
Nice, France

Statut/Status: **Concours/Competition**
Maîtrise d'ouvrage/Client: **Nexity, Roxim, Kalelithos**
Architectes/Architects: **OXO Architectes, LIN Architects Urbanists**
Maîtrise d'œuvre/Project manager: **LOTAN Security, Transsolar, Cultiver la ville, Bollinger+Grohmann, CSTB, QCS Services, Les Satellites, VULOG, Paul Séassal Consultants**
Programme/Project: **Logements et services/Housing and services**
Surface/Surface area: **11 122 m²**

ART'CHIPEL
Marseille, France

Statut/Status: **Lauréat du concours/ Winner of the competition**
Maîtrise d'ouvrage/Client: **Nexity Apollonia**
Architectes/Architects: **OXO Architectes**
Maîtrise d'œuvre/Project manager: **Horizons, ECOBAT, POUGET Consultants, Lamoureux Acoustics, CERRETTI, Even Conseil**
Programme/Project: **Logements/Housing**
Surface/Surface area: **22 600 m²**

La Halle créative, 2017

LA HALLE CRÉATIVE
Saint-Denis, France

Statut/Status: Concours/Competition
Maîtrise d'ouvrage/Client: Kaufman & Broad, UBS
Architectes/Architects: OXO Architectes, Lambert Lenack, Lan Architecture, 2Portzamparc, DVVD
Maîtrise d'œuvre/Project manager: SLA, Sous les fraises, Artelia, Les Éclaireurs, Arcadis, Atelier Act Urba, Efficacity, 2EI, Mon P'ti Voisinage, Techniwood, Empreintes citoyennes, La Fing, Chronos, Étamine, Embix, BePark, Digital Arti, Plateau Urbain, Transdev, Bernard Roth
Programme/Project: Programme mixte/Mixed-use
Surface/Surface area: 15 000 m²

STUDENT HUB
Saint-Denis, France

Statut/Status: Concours/Competition
Maîtrise d'ouvrage/Client: Kaufman & Broad, UBS
Architectes/Architects: OXO Architectes, Lambert Lenack, Lan Architecture, 2Portzamparc, DVVD
Maîtrise d'œuvre/Project manager: SLA, Sous les fraises, Artelia, Les Éclaireurs, Arcadis, Atelier Act Urba, Efficacity, 2EI, Mon P'ti Voisinage, Techniwood, Empreintes citoyennes, La Fing, Chronos, Étamine, Embix, BePark, Digital Arti, Plateau Urbain, Transdev, Bernard Roth
Programme/Project: Logements/Accommodation
Surface/Surface area: 11 900 m²

PLUGIN CITÉ
Caen, France

Statut/Status: Concours/Competition
Maîtrise d'ouvrage/Client: SOTRIM, IMMOBILIER PROMOTION ET PARTENAIRES – IP2
Architectes/Architects: OXO Architectes
Maîtrise d'œuvre/Project manager: Zenobia, Bollinger+Grohmann, dUCKS Scéno, Franck Boutté Consultants, Ingé-Infra, VPEAS
Programme/Project: Programme mixte/Mixed-use
Surface/Surface area: 12 000 m²

Plugin Cité, 2017

ECOTONE
Arcueil, France

Statut/Status: Lauréat du concours/Winner of the competition
Maîtrise d'ouvrage/Client: Compagnie de Phalsbourg, Codeurs & Compagnie, Hertel Investissement, Engie Avenue
Architectes/Architects: OXO Architectes, Duncan Lewis (SCAPE), PARC Architectes, Triptyque Architecture
Maîtrise d'œuvre/Project manager: SOCOTEC, ELAN, Lamoureux Acoustics, KHEPHREN Ingénierie, ALTO Ingénierie, Eckersley O'Callaghan, CC Ingénierie, ALMA Études et Conseil
Programme/Project: Bureaux, hôtel, salle de sport, restaurant, parking/Offices, hotel, sports hall, restaurant, car park
Surface/Surface area: 81 870 m²

LE POTAGER DE VILLIERS
Villiers-sur-Marne, France

Statut/Status: Lauréat du concours/Winner of the competition
Maîtrise d'ouvrage/Client: Compagnie de Phalsbourg, Codeurs & Compagnie, Emerige
Architectes/Architects: OXO Architectes
Programme/Project: Programme mixte/Mixed-use
Surface/Surface area: 16 549 m²

BUSINESS HOME
Villiers-sur-Marne, France

Statut/Status: Lauréat du concours/Winner of the competition
Maîtrise d'ouvrage/Client: Compagnie de Phalsbourg, Codeurs & Compagnie, Emerige
Architectes/Architects: OXO Architectes
Programme/Project: Logements, bureaux et services/Housing, offices and services
Surface/Surface area: 11 469 m²

Ecotone, 2017

QUARTIER CHARENTON
Charenton-le-Pont, France

Statut/Status: **Concours/Competition**
Maîtrise d'ouvrage/Client: **Atenor**
Architectes/Architects: **OXO Architectes, A2M Bruxelles, EAI**
Maîtrise d'œuvre/Project manager: **Agence Babylone, Greenaffair, Lombardi, INCET, CEIS, RORI Partners, Objectif Ville, Enki Bilal (artiste/artist)**
Programme/Project: **Programme mixte/Mixed-use**
Surface/Surface area: **300 000 m²**

Quartier Charenton, 2017

LA MADELEINE
La Madeleine, France

Statut/Status: **Concours/Competition**
Maîtrise d'ouvrage/Client: **Atenor**
Architectes/Architects: **OXO Architectes, EAI**
Programme/Project: **Logements et bureaux/Housing and offices**
Surface/Surface area: **24 500 m²**

La Madeleine, 2017

INTELLIGENCE CAMPUS
Creil, France

Statut/Status: **Étude/Study**
Maîtrise d'ouvrage/Client: **Ministère de la Défense**
Architectes/Architects: **OXO Architectes**
Maîtrise d'œuvre/Project manager: **André Verdier, Lamoureux Acoustics, VPEAS**
Programme/Project: **Programme mixte/Mixed-use**
Surface/Surface area: **24 500 m²**

MASTER CHAISE
Montpellier, France

Statut/Status: **Invitation à participation/Invitation to participate**
Maîtrise d'ouvrage/Client: **RBC Design Center**
Architectes/Architects: **OXO Architectes**
Programme/Project: **Customisation du fauteuil Masters pour une vente aux enchères/Customisation of the MASTERS armchair for an auction**

Chaise Masters, 2017

UNDERGROUND
Paris, France

Statut/Status: **Concours/Competition**
Maîtrise d'ouvrage/Client: **Le Ponton**
Architectes/Architects: **OXO Architectes**
Maîtrise d'œuvre/Project manager: **GIGLAM, Bollinger+Grohmann, Lamoureux Acoustics, Les Éclaireurs, Franck Boutté Consultants, VPEAS, Les Pierrots de la Nuit, The Street Society, A&A, CASSO & Associés**
Programme/Project: **Équipement et établissement recevant du public/Facilities and establishment open to the public**
Surface/Surface area: **628 m²**

2018

VALENCE
Valence, France

Statut/Status: **Étude/Study**
Maîtrise d'ouvrage/Client: **Covivio**
Architectes/Architects: **OXO Architectes**
Programme/Project: **Logements/Housing**
Surface/Surface area: **6 240 m²**

TALENT MAKERS LAB
Angers, France

Statut/Status: **Concours/Competition**
Maîtrise d'ouvrage/Client: **Compagnie de Phalsbourg**
Architectes/Architects: **OXO Architectes, Sou Fujimoto Architects**
Maîtrise d'œuvre/Project manager: **Patrick Blanc, Atelier Paul Arène, Greenaffair**
Programme/Project: **Bureaux et services/Offices and services**
Surface/Surface area: **20 300 m²**

Talent Makers Lab, 2018

ECOTONE ANTIBES
Sophia-Antipolis, Antibes, France

Statut/Status: **Lauréat du concours/Winner of the competition**
Maîtrise d'ouvrage/Client: **Compagnie de Phalsbourg, Codeurs & Cie**
Architectes/Architects: **OXO Architectes, Jean Nouvel, Ateliers Foussat Bapt**
Maîtrise d'œuvre/Project manager: **OTEIS, ITF, Jean Mus**
Programme/Project: **Programme mixte/Mixed-use**
Surface/Surface area: **41 187 m²**

CIRRUS
Strasbourg, France

Statut/Status: **Concours/Competition**
Maîtrise d'ouvrage/Client: **Soprema**
Maîtrise d'œuvre/Project manager: **Tao & Co, Le Sommer Environnement et/and Pascal Haudressy (artiste/artist)**
Architectes/Architects: **OXO Architectes**
Programme/Project: **Siège social/Headquarters**
Surface/Surface area: **6 853 m²**

METROPOLITAN SQUARE
Lille, France

Statut/Status: Concours/Competition
Maîtrise d'ouvrage/Client: Altarea Cogedim
Architectes/Architects: OXO Architectes, Sou Fujimoto Architects, Lalou+Lebec Architectes
Maîtrise d'œuvre/Project manager: TOPOTEK 1, SNAIK, Studio Briand & Berthereau, Elioth, Artelia
Programme/Project: Bureaux, logements, commerces/Offices, housing, shops
Surface/Surface area: 87 000 m²

STUDIO DE LA VICTORINE
Nice, France

Statut/Status: Étude/Study
Maîtrise d'ouvrage/Client: Ville de Nice
Architectes/Architects: OXO Architectes
Programme/Project: Réhabilitation d'un équipement culturel/Refurbishment of a cultural facility
Surface/Surface area: 33 000 m²

Studio de la Victorine, 2018

FLOWING PARK
Moscou, Russie/Moscow, Russia

Statut/Status: Esquisse/Sketch
Maîtrise d'ouvrage/Client: Compagnie de Phalsbourg, Imagim Real Estate
Architectes/Architects: OXO Architectes, Sou Fujimoto Architects
Programme/Project: Bureaux, hôtel, commerces, gare routière/Offices, hotel, shops, bus station
Surface/Surface area: 80 000 m²

FLYING GARDENS
Paris, France

Statut/Status: Étude/Study
Maîtrise d'ouvrage/Client: Compagnie de Phalsbourg
Architectes/Architects: OXO Architectes, SLA A/S, Lagneau Architectes
Programme/Project: Bureaux, commerces, salle de concert, activités, jardins/Offices, shops, concert hall, activities, gardens
Surface/Surface area: 13 000 m²

DOCK DES ALCOOLS
Paris, France

Statut/Status: Concept/Concept
Maîtrise d'ouvrage/Client: Compagnie de Phalsbourg
Architectes/Architects: OXO Architectes
Programme/Project: Bureaux et services/Offices and services
Surface/Surface area: 30 000 m²

Dock des alcools, 2018

MORE FAIRE DESIGN
Paris, France

Statut/Status: Appel à projets innovants/Call for innovative projects
Architectes/Architects: OXO Architectes
Programme/Project: Mobilier urbain/Street furniture
Maîtrise d'œuvre/Project manager: Urbandrone

« DELIRIOUS RABAT » AGORA RABAT
Rabat, Maroc/Morocco

Statut/Status: Biennale d'architecture/Architecture Biennale
Architectes/Architects: OXO Architectes
Programme/Project: Installation artistique/Art installation

PIXEL
Tours, France

Statut/Status: Commande directe/Direct commission
Maîtrise d'ouvrage/Client: Confidentiel/Confidential
Architectes/Architects: OXO Architectes, Parallèles Architecture
Programme/Project: Logements, résidence personnes âgées, équipement et commerces/Housing, retirement home, amenities and shops
Surface/Surface area: 32 000 m²

«Delirious Rabat», Agora Rabat, 2018

ÎLOT FERTILE
Tours, France

Statut/Status: **Commande directe/ Direct commission**
Maîtrise d'ouvrage/Client: **Confidentiel/ Confidential**
Architectes/Architects: **OXO Architectes, Parallèles Architecture**
Programme/Project: **Logements et services/ Housing and services**
Surface/Surface area: 32 000 m²

L'ARBRE DE VIE
Créteil, France

Statut/Status: **Lauréat du concours/Winner of the competition**
Maîtrise d'ouvrage/Client: **B&C France**
Architectes/Architects: **OXO Architectes**
Maîtrise d'œuvre/Project manager: **Franck Boutté Consultants, MATIÈRES, Bollinger+Grohmann, CYD, CSD**
Programme/Project: **Bureaux, logements, commerces, amphithéâtre, salles de cours, ensemble sport-santé/Offices, housing, shops, amphitheatre, classrooms, sports and health complex**
Surface/Surface area: 49 500 m²

TAGE
Montijo, Portugal

Statut/Status: **Concours/Competition**
Maîtrise d'ouvrage/Client: **Deloitte**
Architectes/Architects: **OXO Architectes, ARX Portugal Arquitectos**
Maîtrise d'œuvre/Project manager: **Franck Boutté Consultants, Bollinger+Grohmann, AFA Consult, TOPOTEK 1, NPK, dUCKS Scéno, Bureau Michel Forgue, Acoustique Vivié & Associés, CSD**
Programme/Project: **Équipement culturel, parc de loisirs/Cultural facilities, leisure park**
Surface/Surface area: 300 700 m²

Tage, 2018

Pavillon augmenté de l'Arsenal, 2019

2019

PAVILLON AUGMENTÉ DE L'ARSENAL
Paris, France

Statut/Status: **Concours/Competition**
Maîtrise d'ouvrage/Client: **Ville de Paris (Services de la DCPA-SAMO)**
Architectes/Architects: **OXO Architectes, Lagneau Architectes**
Maîtrise d'œuvre/Project manager: **Franck Boutté Consultants, Bollinger+ Grohmann, VPEAS, IGREC Ingénierie**
Programme/Project: **Réhabilitation d'un équipement culturel/Refurbishment of a cultural facility**
Surface/Surface area: 2 030 m²

BOULOGNE SEINE GOURMANDE
Boulogne, France

Statut/Status: **Concours/Competition**
Maîtrise d'ouvrage/Client: **Globalstone, Strat & Fi**
Architectes/Architects: **OXO Architectes**
Maîtrise d'œuvre/Project manager: **Pascal Haudressy (artiste/artist)**
Programme/Project: **Hôtel et services/Hotel and services**
Surface/Surface area: 12 835 m²

DEVENIR TOURS – ÉCHANGEUR A10
Tours, France

Statut/Status: **Concours/Competition**
Maîtrise d'ouvrage/Client: **Kaufman & Broad, Quatro Promotion, La Set**
Architectes/Architects: **OXO Architectes, Parallèles Architecture**
Maîtrise d'œuvre/Project manager: **Landscape.U.Need**
Programme/Project: **Logements/Housing**
Surface/Surface area: 21 250 m²

HOUSE M
Montreuil, France

Statut/Status: **Faisabilité/Feasibility study**
Architectes/Architects: **OXO Architectes**
Programme/Project: **Logement/Housing**
Surface/Surface area: 450 m²

AVENUE HOCHE
Paris, France

Statut/Status: **Étude/Study**
Maîtrise d'ouvrage/Client: **Atenor**
Architectes/Architects: **OXO Architectes**
Programme/Project: **Bureaux/Offices**
Surface/Surface area: 40 000 m²

«CADAVRE EXQUIS» RÉTROSPECTIVE DES QUINZE DERNIÈRES ANNÉES DE TRAVAIL DE L'AGENCE OXO
Paris, France

Statut/Status: **Exposition à l'ENSAB/ Exhibition at ENSAB**
Maîtrise d'ouvrage/Client: **ENSAB**
Architectes/Architects: **OXO Architectes**
Surface/Surface area: 150 m²

FAIRE DESIGN
Paris, France

Statut/Status: **Appel à projets innovants/ Call for innovative projects**
Architectes/Architects: **OXO Architectes**
Maîtrise d'œuvre/Project manager: **Patrick Blanc, Bollinger+Grohmann, URBANDRONE**
Programme/Project: **Parc à vélos/Bike park**
Surface/Surface area: 10 m²

2020

DOSHA
Bordeaux, France

Statut/Status: Concours/Competition
Maîtrise d'ouvrage/Client: DUVAL Atlantique
Architectes/Architects: OXO Architectes
Maîtrise d'œuvre/Project manager: AIA Ingénierie, OASIIS, CMB
Programme/Project: Logements, équipement médical/Housing, medical facility
Surface/Surface area: 10 816 m²

LES FEUILLES
Périgny, France

Statut/Status: Concours/Competition
Maîtrise d'ouvrage/Client: Francelot, Crédit Mutuel Aménagement Foncier, Bouygues Immobilier
Architectes/Architects: OXO Architectes
Maîtrise d'œuvre/Project manager: Agence Babylone, Franck Boutté Consultants, VPEAS, SIT&A
Programme/Project: Aménagement de site/Site design
Surface/Surface area: 64 140 m²

KASKADE
Lille, France

Statut/Status: Concours/Competition
Maîtrise d'ouvrage/Client: Altarea Cogedim
Architectes/Architects: OXO Architectes
Maîtrise d'œuvre/Project manager: RBS, Zefco, Artelia, AVEL Acoustique
Programme/Project: Bureaux, restaurant, commerce, centre de loisirs et d'escalade/Offices, restaurant, shops, leisure and climbing centre
Surface/Surface area: 8 000 m²

NANTES PERVERIE
Nantes, France

Statut/Status: Commande directe / Direct commission
Maîtrise d'ouvrage/Client: Arkea Real Estate, Tikchau Capital
Architectes/Architects: OXO Architectes
Programme/Project: Logements/Housing
Surface/Surface area: 13 200 m²

OAP MAGINOT
Bourg-en-Bresse, France

Statut/Status: Étude/Study
Maîtrise d'ouvrage/Client: Arkea Real Estate
Architectes/Architects: OXO Architectes
Programme/Project: Logements/Housing
Surface/Surface area: 46 100 m²

NANTES MASSENET
Nantes, France

Statut/Status: Étude/Study
Maîtrise d'ouvrage/Client: Confidentiel/Confidential
Architectes/Architects: OXO Architectes
Programme/Project: Logements/Housing
Surface/Surface area: 9 000 m²

Les Feuilles, 2020

SAINTE-ADRESSE
Sainte-Adresse, France

Statut/Status: Concours/Competition
Maîtrise d'ouvrage/Client: Icade Promotion, SHEMA
Architectes/Architects: OXO Architectes, APAW
Maîtrise d'œuvre/Project manager: Land'Act, Egis, VPEAS, OASIIS
Programme/Project: Réhabilitation de l'ancienne École nationale de la marine marchande + opération immobilière & paysagère/Refurbishment of the former École nationale de la marine marchande + real estate and landscaping projects
Surface/Surface area: 20 000 m²

OAP Maginot, 2020

Sainte-Adresse, 2020

Campus Sisley, 2021

2021

CAMPUS SISLEY
Saint-Ouen-l'Aumône, France

Statut/Status: **Lauréat du concours/Winner of the competition**
Maîtrise d'ouvrage/Client: **Sisley**
Architectes/Architects: **OXO Architectes**
Maîtrise d'œuvre/Project manager: **Bollinger+Grohmann, VPEAS, INEX, Franck Boutté Consultants, AVEL Acoustique, SPOOMS, Sempervirens, ALTO STEP, Stratégéo**
Programme/Project: **Bureaux/Offices**
Surface/Surface area: **16 684 m²**

NICE 3.2
Nice, France

Statut/Status: **Concours/Competition**
Maîtrise d'ouvrage/Client: **Icade Promotion, AXIS**
Architectes/Architects: **OXO Architectes**
Maîtrise d'œuvre/Project manager: **SETEC, ELAN, ABE, Sempervirens, APAVE, VPEAS**
Programme/Project: **Logements et services/Housing and services**
Surface/Surface area: **17 600 m²**

TOUR GRAND ANGLE
Aubervilliers, France

Statut/Status: **Faisabilité/Feasibility study**
Maîtrise d'ouvrage/Client: **GDG**
Architectes/Architects: **OXO Architectes**
Maîtrise d'œuvre/Project manager: **Bollinger+Grohmann, ASCAUDIT, Joseph Ingénierie, GAYA, Lamoureux Acoustics, LBDP, CET, Qualiconsult**
Programme/Project: **Logements/Housing**
Surface/Surface area: **41 787 m²**

ESTP PARIS
Cachan, France

Statut/Status: **Concours/Competition**
Maîtrise d'ouvrage/Client: **ESTP Paris**
Architectes/Architects: **OXO Architectes**
Maîtrise d'œuvre/Project manager: **VPEAS**
Programme/Project: **Aménagement intérieur/Interior fittings**
Surface/Surface area: **1 043 m²**

FRAGONARD
Paris, France

Statut/Status: **Commande directe/Direct commission**
Maîtrise d'ouvrage/Client: **CDG**
Architectes/Architects: **OXO Architectes**
Maîtrise d'œuvre/Project manager: **ETHIC, Joseph Ingénierie, CET, GAYA, ACCEO, Lamoureux Acoustics, LBDP, Qualiconsult, Neveux-Rouyer, SALAMANDRE**
Programme/Project: **Bureaux/Offices**
Surface/Surface area: **4 300 m²**

CRÉMATORIUM
Arceuil, France

Statut/Status: **Concours/Competition**
Maîtrise d'ouvrage/Client: **Ophiliam, FUNECAP**
Architectes/Architects: **OXO Architectes**
Programme/Project: **Crématorium/Crematorium**
Surface/Surface area: **1 248 m²**

THE VALLEY
Monaco, France

Statut/Status: **Appel à idées/Call for ideas**
Maîtrise d'ouvrage/Client: **SOCRI LIMITED**
Architectes/Architects: **OXO Architectes**
Programme/Project: **Programme mixte/Mixed-use**
Surface/Surface area: **35 750 m²**

Crématorium, 2021

PORTE DE LA CHAPELLE
Saint-Denis, France

Statut/Status: Faisabilité/Feasibility study
Maîtrise d'ouvrage/Client: BNP
Architectes/Architects: OXO Architectes
Programme/Project: Programme mixte/Mixed-use
Surface/Surface area: 23 334 m²

ARBALÈTE
Saint-Denis, France

Statut/Status: Commande directe/Direct commission
Maîtrise d'ouvrage/Client: Globalstone
Architectes/Architects: OXO Architectes
Maîtrise d'œuvre/Project manager: I+A, A.N.M Ingénierie
Programme/Project: Logements/Housing
Surface/Surface area: 850 m²

LA FABRIQUE
Rambouillet, France

Statut/Status: Appel à projet/Call for projects
Maîtrise d'ouvrage/Client: Promeo
Architectes/Architects: OXO Architectes
Programme/Project: Logements et bureaux/Housing and offices
Surface/Surface area: 36 100 m²

ABEL VARET
Clichy, France

Statut/Status: Faisabilité/Feasibility study
Maîtrise d'ouvrage/Client: Gaia Investment Partners
Architectes/Architects: OXO Architectes
Programme/Project: Logements et commerces/Housing and shops
Surface/Surface area: 930 m²

Abel Varet, 2021

BIOCITECH V 2.0
Romainville, France

Statut/Status: Étude/Study
Maîtrise d'ouvrage/Client: Arkea Real Estate, Tikehau Capital
Architectes/Architects: OXO Architectes
Programme/Project: Campus scientifique/Science campus
Surface/Surface area: 60 000 m²

2022

MONTIGNY-LÈS-CORMEILLES
France

Statut/Status: Concours/Competition
Maîtrise d'ouvrage/Client: ATLAND
Architectes/Architects: OXO Architectes
Maîtrise d'œuvre/Project manager: G-ON
Programme/Project: Logements/Housing
Surface/Surface area: 6 103 m²

Montigny-Lès-Cormeilles, 2022

BEL-AIR, PARIS
France

Statut/Status: Commande directe/Direct commission
Maîtrise d'ouvrage/Client: Globalstone
Architectes/Architects: OXO Architectes
Maîtrise d'œuvre/Project manager: INEX
Programme/Project: Hôtel et restaurants/Hotel and restaurants
Surface/Surface area: 1 662 m²

CARQUEIRANNE
France

Statut/Status: Commande directe/Direct commission
Maîtrise d'ouvrage/Client: Globalstone
Architectes/Architects: OXO Architectes
Maîtrise d'œuvre/Project manager: INEX, André Verdier
Programme/Project: Logements/Housing
Surface/Surface area: 1 300 m²

VAL DE CRÊTES
Valbonne, France

Statut/Status: Faisabilité/Feasibility study
Maîtrise d'ouvrage/Client: Confidentiel/Confidential
Architectes/Architects: OXO Architectes
Programme/Project: Programme mixte/Mixed-use
Surface/Surface area: 31 500 m²

Val de Crêtes, 2022

THE HAMPTONS OF HUNTSVILLE
Huntsville, États-Unis/United States

Statut/Status: Étude/Study
Maîtrise d'ouvrage/Client: The Singer Company, LLC
Architectes/Architects: OXO Architectes
Programme/Project: Programme mixte/Mixed-use
Surface/Surface area: 45 000 m²

UNIVERSITÉ DU MÉTAVERSE/UNIVERSITY OF METAVERSE

Statut/Status: Commande pour le Metaverse/Metaverse's commission
Maîtrise d'ouvrage/Client: METAKWARK
Architectes/Architects: OXO Architectes
Programme/Project: Université/University

Université du Métaverse/University of Metaverse, 2022

OXO ARCHITECTES

OXO est une agence d'architecture durable, d'urbanisme et de design, fondée par Manal Rachdi en 2008. Sa réputation internationale s'est notamment construite grâce à de nombreux projets avant-gardistes, tant du point de vue technique que programmatique. Selon OXO, les projets les plus adaptés à notre époque sont ceux qui s'inspirent de la nature et respectent notre environnement. La prise en compte du réchauffement climatique, entre autres choses, implique d'élaborer une architecture qui soit à la fois écologique, résiliente et innovante.

Dans cette optique, l'agence collabore de manière créative avec tous les corps de métiers afin de concevoir une architecture offrant des solutions durables et globales.

Chaque bâtiment ou ensemble de bâtiments est envisagé comme un écosystème vivant en harmonie avec les éléments qui le composent, tels que la structure, la technique, les services, la lumière, et la forme.

Ainsi, tous les projets de l'agence s'enracinent dans une étude et une compréhension approfondies du contexte afin de concevoir des bâtiments adaptés aux caractéristiques socio-économiques, climatiques et spatiales propres à chaque lieu.

Entre pragmatisme et utopie, l'architecture d'OXO imagine des relations nouvelles entre logements, loisirs et travail, contribuant ainsi à l'émergence d'une ville dynamique, inclusive et verte.

OXO is a studio specialising in sustainable architecture, urban planning and design, and was founded by Manal Rachdi in 2008. Its international reputation has been built on a number of cutting-edge projects in both technical and programmatic terms.

OXO believes that the most appropriate projects for our times are those that are inspired by nature and respect our environment. Global warming, for example, calls for architecture that is ecological, resilient and innovative.

With this in mind, the agency works creatively with all the different trades to design architecture that offers sustainable, global solutions.

Each building or group of buildings is envisaged as a living ecosystem, in harmony with its constituent elements, including its structure, technology and services, light and form.

In this way, all the studio's projects are rooted in an in-depth study and understanding of the context, in order to design buildings that are adapted to the socio-economic, climatic and spatial characteristics specific to each location.

A mix of pragmatism and utopia, OXO's architecture imagines new relationships between housing, leisure and work, contributing to the emergence of a dynamic, inclusive and green city.

REMERCIEMENTS
ACKNOWLEDGEMENTS

Les Éditions Skira souhaitent remercier Manal Rachdi pour son implication tout au long de ce beau projet.
Manal tient avant tout à exprimer sa profonde gratitude envers sa femme Marie, ses enfants Nora et Nael ainsi qu'à sa mère, son père, et toute sa famille.
Merci à David Rosenberg à Éric Garandeau pour leurs textes, ainsi qu'à Tatiana Phuong et Flavie Loizon pour leur travail sur ce livre.
Merci aux ami(e)s: Zaki Jawhari, Guy Reziciner, Stanislas de Chalambert, Charlotte Kruk, Marie de France, Philippe et Karine Journo, Cyrill Meynadier, et tous ceux qui préfèrent garder l'anonymat. Merci aussi à Pascal Haudressy (†), Nicolas Laisné, Sou Fujimoto, Hervé Bagot, Azzedine Alaïa (†), Olivier Boissière (†), Laurent Kleitman, et Jean Nouvel.
Merci à la tribu OXO, passée et présente, avec laquelle une vision exigeante et écologique de l'architecture a été construite, et des projets uniques réalisés: Carla Amat, Catherine Baciu, Irene Bargués, Louis Bauchet, Charlotte Bertrand, Ambroise Bonal, Romain Brision, Marco Coletti, Patrick Cosmao, Marie-Laure Coste Grange, Alexandra Daube, Jean-Paul de Moura, Andrea Della Longa, Mélisande Devilliers, Alice Donadieu, Fiona Dunlop, Jeanne Ferrara, Sara Franzetti, Helena Frigola, Alexander Fripp, Bianca Gioada, Katarzyna Gocek, Orlando Gonzalez, Thomas Grattery, Mariana Haas, Nairong Hu, Louis Jarry, Jules Kleitman, Arthur Lachard, Zohra Lahlou, Flavie Loizon, Rafael Lopez, Kamile Malinauskaite, Céline Massuard, Jordan Montandon, Charlotte Mugnier, Ivo Nenov, Francesco Pasi, Mathieu Paymal, Maria-Vittoria Porro, Clément Rey, Alberto Rossetti, Francesco Sadocco, Mélania Sansonetti, Florent Sauvineau, Océane Schroeder, Maha Sobhy, Benjamin Soquier, Laura Stefanelli, Amaury Thomas, Robin Thomas, Claudio Vicentini, Leonardo Viola, et Jorge Valcarcel.

Manal remercie aussi ses conseillers et associés: Éric Marois, Antoine Saulay, Nicolas Sonnet, Anne-Marie Bellenger, Gilles de Traverse ; Olivier Raffaelli, Duncan Lewis ; Philippe Rizzotti et Samuel Nageotte.
Merci à l'ensemble des clients et partenaires d'OXO: Altarea Cogedim, Arkéa Real Estate, Atenor, Atland, AXA, B&C France, BNP Paribas, Bouygues Immobilier, Catella Asset Management, CG42, Cité de l'architecture et du patrimoine, Codeurs & Compagnie, Crédit Agricole Languedoc Immobilier, Crédit Mutuel Aménagement Foncier, Digital University, Duval Atlantique, École nationale supérieure d'architecture de Bretagne, École polytechnique de l'université Paris-Saclay, Emerige, Engie, Epaurif, Evolis Promotion, Funecap, GDG Investissements, Globalstone, Groupe City, Hertel Investissement, Icade, Kaufman & Broad, La Set, Mairie de Cugnaux, Mairie de Paris, Musée national d'Art moderne, Centre Georges-Pompidou, Nexity, OGIC, Opalia, Ophiliam, Palais de Tokyo, Paris Habitat, Pavillon de l'Arsenal, Philippe Journo et la Compagnie de Phalsbourg, Promeo Patrimoine, Quatro Promotion, Réalités, Région Champagne-Ardenne, Région Île-de-France, Regione Calabria, SHEMA, Sisley, Soprema, Sorbonne Université, THEOP, Tre Acquisition, UBS Global Real Estate, UPEC, Ville de Bruxelles, Ville de Caen, Ville de Nice, Ville de Paris.

Éditions Skira would like to thank Manal Rachdi for his commitment throughout this beautiful project. Manal wishes to express his deepest gratitude to his wife, Marie, to their children, Nora and Nael, and to his mother and father and his whole family.
Thanks to David Rosenberg and Éric Garandeau for their texts, and to Tatiana Phuong and Flavie Loizon for their work on this book.
Thanks to Manal's friends: Zaki Jawhari, Guy Reziciner, Stanislas de Chalambert, Charlotte Kruk, Marie de France, Philippe and Karine Journo, Cyrill Meynadier and all those who preferred to remain anonymous. Many thanks as well to: Pascal Haudressy (†), Nicolas Laisné, Sou Fujimoto, Hervé Bagot, Azzedine Alaïa (†), Olivier Boissière (†), Laurent Kleitman and Jean Nouvel.
Thanks to the OXO team, past and present, with whom a demanding and sustainable outlook was built and unique projects were made: Carla Amat, Catherine Baciu, Irene Bargués, Louis Bauchet, Charlotte Bertrand, Ambroise Bonal, Romain Brision, Marco Coletti, Patrick Cosmao, Marie-Laure Coste Grange, Alexandra Daube, Jean-Paul de Moura, Andrea Della Longa, Mélisande Devilliers, Alice Donadieu, Fiona Dunlop, Jeanne Ferrara, Sara Franzetti, Helena Frigola, Alexander Fripp, Bianca Gioada, Katarzyna Gocek, Orlando Gonzalez, Thomas Grattery, Mariana Haas, Nairong Hu, Louis Jarry, Jules Kleitman, Arthur Lachard, Zohra Lahlou, Flavie Loizon, Rafael Lopez, Kamile Malinauskaite, Céline Massuard, Jordan Montandon, Charlotte Mugnier, Ivo Nenov, Francesco Pasi, Mathieu Paymal, Maria Vittoria Porro, Clément Rey, Alberto Rossetti, Francesco Sadocco, Mélania Sansonetti, Florent Sauvineau, Océane Schroeder, Maha Sobhy, Benjamin Soquier, Laura Stefanelli, Amaury Thomas, Robin Thomas, Claudio Vicentini, Leonardo Viola and Jorge Valcarcel.

Manal wants to thank his advisors and associates: Éric Marois, Antoine Saulay, Nicolas Sonnet, Anne-Marie Bellenger, Gilles de Traverse, Olivier Raffaelli, Duncan Lewis, Philippe Rizzotti and Samuel Nageotte.
Thanks to all the clients and partners of OXO: Altarea Cogedim, Arkéa Real Estate, Atenor, Atland, AXA, B&C France, BNP Paribas, Bouygues Immobilier, Catella Asset Management, CG42, Cité de l'architecture et du patrimoine, Codeurs & Compagnie, Crédit Agricole Languedoc Immobilier, Crédit Mutuel Aménagement Foncier, Digital University, Duval Atlantique, École nationale supérieure d'architecture de Bretagne, École polytechnique de l'université Paris-Saclay, Emerige, Engie, Epaurif, Evolis Promotion, Funecap, GDG Investissements, Globalstone, Groupe City, Hertel Investissement, Icade, Kaufman & Broad, La Set, Mairie de Cugnaux, Mairie de Paris, Musée national d'Art moderne, Centre Georges-Pompidou, Nexity, OGIC, Opalia, Ophiliam, Palais de Tokyo, Paris Habitat, Pavillon de l'Arsenal, Philippe Journo and la Compagnie de Phalsbourg, Promeo Patrimoine, Quatro Promotion, Réalités, Région Champagne-Ardenne, Région Île-de-France, Regione Calabria, Shema, Sisley, Soprema, Sorbonne Université, THEOP, Tre Acquisition, UBS Global Real Estate, UPEC, Ville de Bruxelles, Ville de Caen, Ville de Nice and Ville de Paris.

CRÉDITS PATRIMONIAUX ET PHOTOGRAPHIQUES

Sauf mention contraire dans le livre, toutes les œuvres et photographies sont © OXO
Unless otherwise stated in the book, all works are © OXO

© Cyrille Weiner: p. 8, p. 116-117, p. 118, p. 119, p. 120-121
© Fusão: p. 104-105, p. 108-109, p. 110-111
© +Imgs: p. 2-3, p. 46-47
© Iwan Baan: p. 152-153, p. 154 (bas/bottom), p. 156-157
© Kreaction: p. 140-141
© Laurian Ghinițoiu: p. 150
© LUXIGON: p. 20-21, p. 42-43, p. 70 (haut/top), p. 70-71
© LUXIGON et/and Yann Kersalé: p. 76-77
© Manal Rachdi, Tanguy Vermet, Duncan Lewis et/and Jean de Giacinto: p. 113 (haut et bas/top and bottom)
© Manal Rachdi, Tanguy Vermet, Philippe Rizzotti et/and Samuel Nageotte: p. 144 (bas/bottom), p. 145 (haut et bas/top and bottom), p. 146-147, p. 148-149
© Matthieu Tregoat: p. 6-7, p. 114-115
© Model Maker Workshop: p. 48-49, p. 74-75
© Morph: p. 4-5, p. 62, p. 63, p. 64-65, p. 66-67, p. 68-69
© OXO Architectes et/and Ateliers Jean Nouvel: p. 79
© OXO Architectes et/and Sou Fujimoto Architects: p. 66 (haut et bas/top and bottom), p. 72, p. 72-73, p. 73
© OXO Architectes, NLA, SFA et/and DREAM: p. 154 (haut et milieu/top and middle)
© RSI studio: p.1, p. 132-133
© Sergio Grazia: p. 87, p. 90, p. 91, p. 92-93, p. 94, p. 95 (bas/bottom), p. 96, p. 97, p. 122, p. 124, p. 125, p. 126-127, p. 128, p. 129, p. 130-131, p. 135 (bas/bottom), p. 138-139, p. 142 (top/haut), p. 142-143

ÉDITIONS SKIRA PARIS

14, rue Serpente
75006 Paris
www.skira.net

Responsable des éditions
Senior editor
Nathalie Prat-Couadau

Responsable du projet
Project manager
Meryl Mason

Responsable éditoriale
Editorial manager
Juliette Chambon

Assistante éditoriale
Editorial assistant
Roxanne Rebours

Conception graphique
Graphic design
Atelier Bastien Morin
et/and Léo Grunstein

Relecture
Copyediting and Proofreading
FR-Laure Barbosa
EN-Etty Payne

Photogravure
Color separation
Litho Art New, Turin

ISBN 978-2-37074-220-9
© Éditions Skira Paris, 2023
© OXO, 2023

Direction artistique
Artistic Direction
David Rosenberg

Coordination
Tatiana Phuong

Archives OXO architectes
Flavie Loizon

Tous droits réservés.
Aucune partie de cette publication ne peut être reproduite, archivée ou transmise sous quelque forme ou par quelque moyen que ce soit, électronique, mécanique, par photocopie ou autre, sans l'autorisation préalable de l'éditeur.
All right reserved.
No part of this publication may be reproduced, stored in a retrieval system, or transmitted in any form or by any means, electronic, mechanical, photocopying, recording, or otherwise, without the prior consent of the publishers.

Achevé d'imprimer
en septembre 2023
sur les presses de Graphius
à Gand, Belgique
Dépôt légal octobre 2023
Printed in September 2023
on Graphius presses in Ghent, Belgium
Legal deposit October 2023